W0076399

Alle Wege führen nach Nürnberg

Inhalt

Goethe und sein Urfreund　　　　　　　　8
Bertolt Brecht besucht seine Paula　　　　23
Hermann Kesten, der Club
　　und die Meisterschaft　　　　　　　　37
Hesse auf Lesereise　　　　　　　　　　47
Wolfgang Borchert vor Gericht　　　　　65
Hugo Distler, Eduard Mörike
　　und der Feuerreiter　　　　　　　　　72
Erich Kästners ungeschriebener Roman　89
Hans Carossa liest ein Buch von Thomas
　　Mann vor einer Plastik von Ernst Barlach　98
Thomas Mann beobachtet okkulte
　　Phänomene　　　　　　　　　　　　109
Gisela Elsner　　　　　　　　　　　　126
Hans Sachs in Liebesnöten　　　　　　135
Wer schrieb Nürnbergs schönstes Gedicht?　148
Gefunden　　　　　　　　　　　　　168

Biografische Hinweise zu den Dichtern　180

Goethe und sein Urfreund

Am Sonntag, dem 5. November 1797, bestiegen vor dem Gasthof *Lamm* in Schwabach zwei Reisende eine Kutsche. Der eine war kein Geringerer als der Geheime Rat Johann Wolfgang von Goethe, der andere sein Begleiter, der Kunstmaler Meyer. Sie hatten sich in der Schweiz getroffen und waren seit ein paar Tagen gemeinsam unterwegs zurück nach Weimar. Von Zürich aus hatten sie den Weg über Tübingen und Stuttgart genommen und hatten zuletzt in Ellwangen und Großenried und nun in Schwabach Station gemacht. Die nächste Etappe war nur kurz. Bei diesigem Novemberwetter fuhren sie zügig den gut ausgebauten Weg über Reichelsdorf und Eibach nach Schweinau. Schon bald sahen sie das schöne Nürnberg vor sich liegen. Sie fuhren in die Stadt hinein, an Sankt Lorenz vorbei und hielten vor einem stattlichen Gasthof, der einen roten Hahn im Wirtsschild trug.

Sie hatten nicht vor, lange in der alten Reichsstadt zu bleiben. Goethe zog es heim zu seiner Christiane, die er seit August nicht mehr gesehen hatte. Um die knappe Zeit zu nutzen, gingen die beiden gleich zum Rathaus und besichtigten dort den berühmten Großen Saal, an dessen Wänden noch einige Gemälde von Albert Dürer zu bewundern waren. Sie kehrten zurück in ihren Gasthof und Goethe staunte nicht schlecht, als ihm der Wirt ein Billet überreichte, das eben für ihn abgegeben worden war. Die Handschrift war ihm gut vertraut. Knebel! Der gute alte Knebel war gleichfalls hier in Nürnberg und lud sie auf die Nachmittagsstunden zu sich ein. Das war eine Überraschung! Goethe hatte Knebel in Bayreuth vermutet, wo er nach seiner erneuten Flucht aus Weimar als Kreisdirektor Fuß zu fassen gehofft hatte. Es gab so manches Gerücht, warum Knebel seine Weimarer Zelte abgebrochen hatte, und auch Goethe hatte sich so seine Gedanken darüber gemacht, war ihm doch nicht entgangen, was das Herz des Freundes bewegte. Jetzt war Knebel also in Nürnberg gelandet und lud sie zu sich ein. Das versprach ein kurzweiliger Tag zu werden! Mit Appetit nahmen Goethe und Meyer das Mittagessen im Roten Hahn zu sich und ließen sich zu dem ausgezeichneten Schweinebraten, an dessen knuspriger Kruste Goethe besonderen Gefallen fand, ein helles Bier schmecken. Dann zogen sie sich zur Mittagsruhe in ihre Zimmer zurück.

Goethe zog den Vorhang zu und legte sich auf das bequeme Bett. Wie lange kannte er Knebel nun schon? Seit ewigen Zeiten, so schien es ihm. Im Grunde hatte er es Knebel zu verdanken, dass er damals nach Weimar gegangen war. Im Dezember 1774 hatte Knebel den Erbprinzen von Weimar, den guten Karl August, zur Brautschau nach Karlsruhe begleitet. Die beiden waren über Frankfurt gereist, wo Knebel ihn, den jungen Anwalt, der durch den Götz von Berlichingen und vor allem durch den Werther so rasch populär geworden war, besucht hatte. Goethe musste lächeln, als er sich daran erinnerte, wie der damals dreißigjährige Knebel ihm so lebhaft davon erzählt hatte, wie sehr seine Schwester Henriette ihn verehre und dass sie nie schlafen ginge, ohne im Werther gelesen zu haben. Knebel hatte sich auch bei Goethes Eltern vorgestellt und als er zum Abschied erneut bei Goethe vorbeigeschaut hatte, war er ganz zerknirscht gewesen, weil er doch Henriette alles hatte brieflich schildern wollen, dann jedoch nicht die rechten Worte für diese ihn so beglückende Begegnung gefunden hatte. Goethe hatte gelacht, zum Briefpapier gegriffen und an Stelle von Knebel den Brief an Henriette selbst verfasst. Wie aufgeregt Henriette im heimatlichen Ansbach auf dieses Schreiben reagiert hatte, das hatte Knebel ihm in seiner anekdotenfreudigen Weise später immer wieder erzählt. Sie sei abwechselnd blass und rot geworden und habe gerufen: »Welche Freude, dass ein Goethe weiß, dass ich existiere!« Dann habe sie sich gleich hingesetzt, um dem berühmten Dichter zu antworten, aber wie zuvor ihrem Bruder, so seien auch ihr nicht die passenden Worte eingefallen und sie hatte ihren Bruder darum gebeten, diesen Dienst für sie zu übernehmen. So war es gekommen, dass Knebel Henriettes Antwortbrief auf Goethes Knebelbrief verfasst hatte.

Goethe drehte sich zur Seite. Auch Karl August hatte Knebel ihm damals vorgestellt, und die beiden hatten ihn mit der Frage überrascht, ob er nicht zu ihnen nach Weimar ziehen wolle. Goethe, der in jenem Jahr sehr unter der unglücklichen Liebe zu Lili Schönemann gelitten hatte, war dieses Angebot sehr willkommen gewesen, sah er doch darin den lang ersehnten Ausweg aus den Verirrungen seines Herzens. Eine Nachricht von Knebel sollte das Engagement perfekt machen, aber als die Nachricht ausblieb und die Lösung von Lili immer dringender wurde, hatte es Goethe schließlich nicht länger ertragen und war zu einer Italienreise aufgebrochen. Er war jedoch kaum aus Frankfurt herausgekommen, da war ihm Knebels Nachricht hinterhergereist: Man hieß ihn in Weimar herzlich willkommen! Sofort hatte er die Reise abgebrochen und war nach Weimar gefahren, freilich ohne ahnen zu können, dass er dort auf Dauer bleiben sollte.

Mit Knebel hatte er sich rasch befreundet und duzte sich bald mit ihm. Knebel hatte stets lebhaften Anteil an seiner Entwicklung genommen und kaum ein literarisches Werk war entstanden, ohne dass er es zuvor mit Knebel ausführlich besprochen hätte. Die Freundschaft mit Knebel war auch deshalb etwas Außergewöhnliches, weil Knebels Art im Grunde nicht mit der seinen harmonierte. Knebel besaß eine äußerst unruhige Natur. Ihn hielt es kaum fünf Minuten sitzend auf einem Stuhl, dann musste er dem in ihm aufsteigenden Bewegungsdrang nachgeben und im Zimmer auf und ab marschieren, sonst hätte es ihn innerlich zerrissen. Eine solche Unruhe ertrug Goethe sonst kaum in seiner Umgebung. Bei Knebel war das etwas anderes. Bei ihm störte es Goethe seltsamerweise nie. Dabei war Knebel auch sonst von großer Lebhaftigkeit. Schob er beispielsweise Holz in den Ofen, so gab er jedem Scheit einen Namen und redete mit ihm auf die eindringlichste Weise. Seine Unruhe war ihm jedoch häufig selber eine Last, so bei seinem Amt als Erzieher des Prinzen Constantin, dessen träge Natur Knebels Ungeduld oft ins Unerträgliche gesteigert hatte. Nach wenigen Jahren hatte er es nicht länger ausgehalten und er hatte sein Amt niedergelegt. Wahrscheinlich hatte er aus dem gleichen Grunde den Militärdienst quittiert, bevor er nach Weimar gegangen war, denn das stundenlange Exerzieren war seiner Natur erst recht zuwider gewesen. In Weimar mochten ihn alle gern und man war höchst betrübt gewesen, als Knebel damals zum ersten Mal von Weimar geflüchtet war. Dabei hatte man ihm doch eine schöne Pension zugesichert und die hübsche Wohnung in Goethes Gartenhaus. Er hätte nicht mehr arbeiten müssen, hätte sich ganz den Freunden widmen können. Doch Knebel hatte sich als unnützer Schmarotzer empfunden und hatte dem Nichtstun, wie er sein Schicksal empfand, entfliehen wollen. Man war zusammengekommen und hatte überlegt, wie man Knebel wieder zurückholen konnte. Karl August hatte gemeinsam mit Goethe einen Brief aufgesetzt.

»Ist's möglich«, so hatten sie geschrieben, »ist's möglich, dass eine Seele, wie du bist, der so scharf die guten und lieben versteckten Eigenschaften anderer ans Licht bringen und sich daran erfreuen kann, über sich selbst, über das, was er hat, besitzt und wirkt, immerfort so dunkel bleibt? Sind denn wir, deine Freunde, so sklavisch, so sinnlicher Bedürfnisse voll, dass du nur durch Graben, Hacken, Ausmisten und Aktenverschmieren ihnen nützen kannst? Ist in ihren Seelen so wenig Raum, dass du nirgends ein Plätzchen findest, wo du von dem, was die deine Schönes, Gutes und Großes gesammelt hat, ausschütten kannst? Sind wir so hungrig, dass du für unser Brot arbeiten musst? Warum willst du das schöne Band zwischen uns zerreißen? Um etwa ein paar Schreiberseelen aus dem Weg zu gehen, die dir die Semmeln, die du mehr hast, neiden? Und ist es dir nur um einen Luftwechsel, so ist er dir von Herzen gegönnt. Dann aber kehre wie Odysseus heim und erzähle den deinen, die dich mit offenen Mündern, Ohren und Herzen erwarten werden, bei einem gebeizten Auerhahn von deinen Abenteuern!«

Knebel hatte das Angebot der Freunde nicht abschlagen können und hatte versprochen, nach seiner

Italienreise zurückzukehren. Drei Jahre war er unterwegs gewesen, mit längeren Aufenthalten auch in Nürnberg, wo er Kunststudien betrieb, und im heimatlichen Ansbach, wo seine Mutter, seine Schwester und der Bruder Max lebten. Mit Weimar hatte er weiter in ständiger Verbindung gestanden. Die liebsten Briefe waren ihm dabei die seines Freundes Goethe gewesen. Er selber hatte dem Freund oft und gerne geschrieben, wobei er sich stets um Goethes seelische Entwicklung sorgte, die ihm besonders in der Zeit des Sturm und Drang keine geringen Sorgen bereitet hatte. Ach ja, Knebels Briefe! Nein, es würde besser sein, überlegte Goethe, er hielte den Mund und erklärte es ihm später einmal. Knebel würde es jetzt wohl nur falsch verstehen. Goethe hatte nämlich kurz vor dieser Reise sämtliche Briefe Knebels verbrannt, und zwar »aus entschiedener Abneigung gegen die Publikation des stillen Ganges freundschaftlicher Mitteilung«, wie er die Verbrennungsaktion sich selbst gegenüber gerechtfertigt hatte. Und das stimmte ja auch, wenngleich es noch einen anderen Grund gegeben hatte, und der wog im Grunde noch schwerer. Knebel hatte ihn oft mit vertraulichen Informationen versorgt, insbesondere, als damals der Streit mit Herder offen ausgebrochen war. Hierdurch hatte er oftmals die wichtigen Einschätzungen Dritter erfahren, die so in seiner Anwesenheit nicht geäußert worden wären. Nicht zuletzt die von Charlotte von Stein … Aber das lag lange zurück. Goethe sah genau vorher, dass auch seine gesamte Korrespondenz einmal veröffentlicht werden würde, und hatte sich entschieden, manches lieber rechtzeitig zu vernichten. Knebels Briefe hatten dazu gehört.

Über diese Gedanken waren die Mittagsstunden verstrichen und es war Zeit aufzubrechen. Eine Stunde später saßen sie bei Knebel. Es war ein herzliches Wiedersehen. Auch Meyer kannte Knebel gut und stand mit ihm auf freundschaftlichem Fuße, so konnte man sich ungezwungen unterhalten. Es gab viel zu erzählen. Von der Schweizer Reise, von Knebels jüngsten Übersetzungen, von Nürnberg und seinen Kunstschätzen, sodass die Stunden nur so verflogen. Knebel machte den Vorschlag, zusammen essen zu gehen, und die Freunde stimmten gerne zu. Knebel schien ganz der Alte zu sein, und doch hatte Goethe in manchen Momenten das Gefühl, dass ein geheimer Kummer seinem Freund auf die Seele drückte. Nach dem Essen bat Knebel sie eindringlich, noch ein paar Tage in Nürnberg zu bleiben, die Stadt habe noch vieles zu bieten. Meyer und Goethe versprachen, es sich zu überlegen. Abends in seinem Hotelzimmer schrieb Goethe dann noch einen Brief an Schiller: »Nürnberg bietet manches Interessante an, alte Kunstwerke, mechanische Arbeiten, so wie sich auch über die politischen Verhältnisse manche Betrachtungen machen lassen. Wir haben zu unsrer besondren Freude Knebeln hier angetroffen und werden daher etwas länger als wir gedachten verweilen.«

Knebel kümmerte sich wirklich rührend um sie. Die Nachricht, dass sich der berühmte Dichter in Nürnberg aufhielt, hatte sich natürlich schnell herumgesprochen. Viele Bekannte Knebels äußerten den Wunsch, Goethe persönlich kennen zu lernen. Knebel führte Meyer und Goethe in den Abendclub im Schießgraben ein, wo ihnen die Honoratioren Nürnbergs vorgestellt wurden. Insbesondere der reiche Kaufmann Merkel, der Inhaber der großen Handelsfirma Lödel und Merkel, suchte Goethes Nähe und lud ihn mit Knebel und Meyer zweimal zum Abendessen bei seiner Schwester im Schückher'schen Hause ein. Daneben füllten die Besichtigungen der Nürnberger Sehenswürdigkeiten das Programm aus. Goethe zeigte sich besonders von Dürers »Geburt Christi« in der Sankt-Rochus-Kapelle beeindruckt; außerdem besuchten sie die Stadtbibliothek und ein Reichsadler-Konzert. Am anderen Tag staunte Goethe über die große Geschicklichkeit der Nürnberger Kunsthandwerker. Knebel machte ihn mit einem Mann bekannt, der vorzügliche Weltkugeln herzustellen wusste. Goethe überzeugte sich von der Detailgenauigkeit seiner Arbeit und gab einen Globus von beträchtlicher Größe in Auftrag. So vergingen die wenigen Tage schnell, zu schnell wie Knebel fand.

Denn bei all diesen Tagesaktivitäten fand er keine Gelegenheit, einmal ungestört mit Goethe zu reden, und da gab es doch etwas, bei dem er dringend Goethes Rat benötigte.

Endlich, am Tag vor der Abreise, gelang es Knebel, Goethe zu einem kleinen Spaziergang zu entführen. Knebel war recht froh, an der frischen Luft mit Goethe sprechen zu können, denn er, der Bewegungshungrige, war wegen des zu führenden Gesprächs zusätzlich nervös. Sie spazierten vom Dürerhaus nach Sankt Johannis hinaus und die Novembersonne kam gerade hinter den Wolken hervor, als Knebel endlich den Mut fand, sich seinem Freund anzuvertrauen. Etwas umständlich begann er das Gespräch, um schließlich zum Eigentlichen zu kommen. Er hatte sich verliebt. Knebel, der eingefleischte Junggeselle, hatte sich verliebt, und zwar bis über beide Ohren, wie er sich ausdrückte – und das war ihm wegen seiner dreiundfünfzig Jahre etwas peinlich. Goethe schmunzelte still. Was waren schon dreiundfünfzig Jahre? Knebel versicherte, die Angelegenheit sei ihm sehr ernst und er habe den festen Vorsatz zu heiraten, jawohl, heiraten wolle er! Da blieb Goethe nun aber doch stehen und sah Knebel an: »Ja, Knebel, jetzt hast du's tatsächlich geschafft, mich zu überraschen! Wer ist denn die Glückliche?«

»Du kennst sie gut!«, gab Knebel zur Antwort, »deshalb brauche ich ja deinen Rat!«

Goethe wusste mit einem Mal, wen Knebel meinte, er stellte sich aber weiter unwissend.

»Wer ist es denn, Knebel? Spann mich doch nicht so auf die Folter!«

»Es ist die Luise, Luise Rudorff!«

»Luise Rudorff? Unsere Luise? Die Sängerin?«

»Du kennst sie doch so lange wie ich selber. Was sagst du dazu?«

Goethe schwieg eine Weile. Luise Rudorff war ein Mädchen von vierzehn Jahren gewesen, als sie im Oktober 1791 nach Weimar gekommen war. Sie war zuvor in Berlin bei Kapellmeister Franz Benda im Gesang ausgebildet worden, und dieser hatte sie seinem Schwiegersohn, dem Kapellmeister Wolf in Weimar empfohlen, wo sie das Fach der ersten Liebhaberin an der Oper übernommen hatte. Auf Schloss Tiefurt hatte sie damals die ganze Weimarer Gesellschaft kennen gelernt, allen voran die Herzogin Amalia, aber auch Goethe und Knebel. Man hatte gut gespeist und sich danach noch unterhalten, als die junge Sängerin gebeten wurde, doch eine Kostprobe ihrer Kunst zu geben. Der jungen Luise aber war plötzlich ganz beklommen zumute gewesen, und als sich der Konzertmeister ans Klavier gesetzt hatte, um sie zu begleiten, da hatte sie keinen einzigen Ton herausbekommen. Schrecklich peinlich war ihr die Situation gewesen, und obwohl selbst die Herzogin Amalia ihr lieb zugeredet hatte, um ihr die Nervosität zu nehmen, blieb ihre Kehle wie zugeschnürt. Knebel hatte das hübsche junge Ding unendlich Leid getan, und er hatte qualvoll mit ihr gelitten. Tags darauf hatte der Konzertmeister Luise zu einer intimen Probe ins Jägerhaus eingeladen. Ohne die Erwartung eines illustren Publikums zu spüren hatte sie dort in schönster Weise wieder zu ihrem Gesang zurückgefunden. Als der letzte Ton verklungen war, hatte der Konzertmeister den schweren Vorhang beiseite gezogen und zum Vorschein kam die ganze Gesellschaft, die ihr begeistert applaudierte.

Das war ihr erster Auftritt in Weimar gewesen und sie hatte sich bald zum Star der Szene entwickelt. Goethe hätte sie auch gerne für das Schauspiel gewonnen, aber die Herzogin wollte sie als Kammersängerin behalten. Sie sang alle großen Rollen, und ihr treuester Verehrer wurde Knebel, der keine Aufführung verpasste. So war sie ihm ans Herz gewachsen und er hatte gespürt, wie lieb sie ihm war und wie schön doch ein Leben in Zweisamkeit sein könnte. Aber sie war noch so jung, und er damals schon siebenundvierzig Jahre alt – immerhin dreiunddreißig Jahre älter als Luise! Da hatte er den Gedanken, um sie zu werben, schnell wieder verworfen. Dennoch hatte es ihn wie ein Blitz getroffen, als er von ihrer Schwangerschaft erfuhr! Wer der Vater war, das war in Weimar bald ein offenes Geheimnis. Mit keinem Geringeren als mit Karl August selbst hatte sie sich eingelassen und brachte 1796 einen Knaben zur Welt. Nachdem sich seine erste Bestürzung hierüber gelegt hatte, gewann Knebel der Sache jedoch bald auch etwas Positives ab. Als ledige Mutter würde sie dem Angebot zu einer Ehe mit einem erfahrenen Mann wohl leichter zustimmen können. Diese Überlegungen teilte Knebel nun Goethe mit und er sah seinen Freund ängstlich dabei an. Goethe aber nickte wohlwollend und sagte dann: »Ach, lieber Knebel, was soll ich dir raten? Die Antwort hast du dir doch schon selber gegeben. Du liebst sie, und ihr Schaden wird es nicht sein, dich zum Ehegatten zu bekommen. Meinen Segen hast du, und wo ich es kann, will ich dich gerne auf deinem Wege unterstützen.«

Erleichtert und dankbar drückte Knebel ihm die Hand. »Und Karl August?«

Goethe lächelte. »Er wird einverstanden sein, glaube mir. Er hat bereits eine neue Freundin gefunden.«

Knebel seufzte hörbar auf. Nun war noch eine unangenehme Frage zu stellen.

»Du weißt es selber, lieber Goethe, wie teuer der Ehestand kommen kann und über welch geringes Einkommen ich verfüge. Glaubst du, der Herzog…?«

Goethe lachte erneut. »Sobald ich nach Weimar komme, wird mein erster Gang mich zum Herzog führen. Es sollte mich wundern, wenn er nicht eine Lösung hierfür wüsste!«

Knebel fiel ein Stein vom Herzen. Wie gut es doch war, einen Freund wie Goethe zu haben. Nun war nur noch Henriette zu überzeugen. Seine Schwester hatte nämlich einen schrecklichen Eifersuchtsanfall bekommen, als er ihr seine Heiratspläne mitgeteilt hatte. Seine Reise von Weimar nach Nürnberg hatte er auch deshalb unternommen, um ihr Einverständnis zu gewinnen. Auch davon berichtete er seinem Freund, während sie durch die Hesperidengärten promenierten. Goethe konnte diese Sorgen nur zu gut nachvollziehen, denn er wusste, was in einem schwesterlichen Herzen vor sich gehen konnte. Auch seine Schwester hatte ja stets in inniger Liebe an ihm gehangen. Aber Goethe beruhigte Knebel: »Sie wird dir verzeihen, glaube mir, bleibe nur bei deinem Entschluss. Nichts kann ihn besser rechtfertigen als dein künftiges Glück.« Da strahlte Knebel, und er wusste nun, dass er genau so handeln würde, wie es sein Herz schon seit langem wollte. Am Johannisfriedhof kehrten sie um und sprachen von anderen Dingen.

Der Tag der Abreise war gekommen. Als nächste Station war Erlangen vorgesehen. »Du wirst enttäuscht sein«, sagte Knebel zu Goethe, »alles ist dürr und sandig dort. Und eng! Die Menschen in Erlangen wohnen gleichsam in Schubladen und wirken wie vertrocknete Tiere im Naturalienkabinett.« Goethe lachte, und dann fuhr die Kutsche ab. Knebel winkte ihnen noch lange nach.

Goethe hielt Wort. Daheim in Weimar sprach er sowohl mit Anna Amalia als auch mit Karl August. Die Herzogin sorgte dafür, dass Luise eine angemessene Aussteuer erhielt, und auch Karl August ließ sich nicht lumpen und räumte die materiellen Hindernisse für Knebel aus dem Weg. Am 9. Februar 1798 wurden Luise Rudorff und Knebel getraut und zogen nach Ilmenau. Der Ehehimmel blieb nicht ohne Wolken, ungetrübt aber blieb die Freundschaft zu Goethe. Als Goethe starb, kam es bei der Beerdigung zu der ergreifenden Szene, dass die ganze Trauergesellschaft Schlange stand, um Knebel zu kondolieren, denn jeder wusste, was Knebel an Goethe verloren hatte. Fast sechzig Jahre war er mit ihm befreundet gewesen und nie war ein Schatten auf diese Freundschaft gefallen. Wenn es jemals einen Urfreund Goethes gegeben hat, dann ist es Karl Ludwig von Knebel gewesen.

Bertolt Brecht besucht seine Paula

Paula merkt, dass sie Fieber bekommt. Schon am Morgen beim Spiel mit ihren Schützlingen im Burggraben hat sie sich nicht wohl gefühlt. Beim Mittagessen hat die Mutter der Kinder die Hand besorgt auf ihre Stirn gelegt und sie gleich ins Zimmer geschickt. Jetzt liegt sie dick eingemummelt im Bett und spürt, wie ihr Kopf immer heißer wird. Bald schon fällt sie in einen kurzen, fiebrigen Schlaf.

Es ist ein strahlender Wintertag im Jahre 1916. Die Seen in Augsburg sind längst zugefroren. Leichtfüßig läuft sie über das Eis. Es ist ihr, als schwebe sie über die spiegelnd glatte Fläche. Dreht sie eine Pirouette, wickelt sich der bunte Wollschal um ihren Hals. Dann läuft sie mit ihren Freundinnen um die Wette. Als sie am Kartenhäuschen vorbeikommen, stößt ihre Freundin sie an. »Schau mal, wer da kommt!« Paula wirft einen schnellen Blick zurück. Da ist er wieder, dieser Brecht! Er hat sie schon erspäht, während er sich umständlich die Kufen unter die Schuhe schnallt. Paula lacht. Das wird wieder ein Spaß werden! Übermütig läuft sie eine Acht direkt vor seinen Augen, aber als er dann mit vorsichtigen, ungelenken Schritten das Eis betritt, ist sie ihm schon mit ihren Freundinnen davongelaufen, weit hinaus an das andere Ende der Eisbahn. Mit steifen Beinen und mit den Armen rudernd nähert sich ihr Verehrer, aber als er sie endlich eingeholt zu haben glaubt, ist sie ihm mit hellem Lachen schon wieder davongeglitten. Er dreht sich zu ihr um und schon sitzt er auf dem Eis. Nein, ein Sportler ist er nicht! Katz und Maus spielt sie mit ihm. Ob sie ihn näher heranließe, wenn er ihr besser gefallen würde? Er ist ihr zu mager, hat ihr zu schmale Schultern, wirkt so farblos. Aber eines imponiert ihr, und das ist seine Hartnäckigkeit. Er gibt einfach nicht auf! Auch als sie jetzt das Angebot eines sportlichen Mitschülers zu einem Paarlauf annimmt, bleibt er ihr auf der Spur. Ein seltsamer Junge. Sieht er denn nicht, dass sich ihre Freundinnen schon über ihn lustig machen? Es scheint ihn nicht zu stören. Paula läuft im Takt der Musik. Fünfzehn Jahre alt ist sie, drei Jahre jünger als Brecht, der Junge vom Realgymnasium. Sie fängt an, es zu genießen, dass sich die Jungen nach ihr umdrehen. Es beginnt zu schneien. Sie schüttelt sich die weißen Flocken aus den dichten braunen Locken und verlässt mit ihren Freundinnen das Eis. Wieder kommt Brecht zu spät.

Während ihr Kopf immer heißer wird, beginnt sie zu frieren. Sie zieht die Beine eng an ihren Körper und kauert sich zusammen. Wie aus weiter Ferne hört sie die Stimmen der Kinder, die nach ihr rufen. Aber die Mutter, die junge Witwe, bringt sie rasch zur Ruhe. Paula wird schwindelig. Sie zieht sich die Decke bis unter das Kinn und fällt wieder in einen unruhigen Fieberschlaf.

Sie spazieren die Lechauen entlang. Der Wind treibt die bunten Blätter vor sich her, und übermütig springt sie mit ihnen um die Wette. Seit ein paar Wochen treffen sie sich heimlich. Geschickt, wie Brecht das eingefädelt hat! Einen Freund hatte er vorgeschickt, der für sich um einen Spaziergang gebeten hat, zu dem er auch Brecht mitnehmen wollte. Zögernd hatte sie zugestimmt, aber als sie dann zum verabredeten Treffpunkt an der Lechbrücke gekommen ist, hat dort nur der Brecht gestanden und den Freund wortreich entschuldigt. So ist er, listig und einfallsreich! Und hartnäckig, wenn er sich etwas in den Kopf gesetzt hat. Dann sind sie also zu zweit spazieren gegangen und Brecht hat ihr viel von sich und seinen Plänen erzählt. Ja, er konnte pausenlos sprechen und sie staunt auch heute wieder, wie klug und gescheit er ist. Heimlich schaut sie ihn von der Seite an. Warum ist er nur so ungepflegt? Legt er denn auf sein Äußeres gar keinen Wert? Allein der Schmutz unter seinen Fingernägeln. Und doch: Die Haare hat er sich eindeutig aus der Stirn rasiert, gute zwei Finger breit. Also ist er doch etwas eitel? Auf seine Weise schon, will wohl älter wirken. Er kramt in seiner speckigen Lederjoppe und zieht einen Zettel hervor. Ein neues Gedicht. Sie hört seine Gedichte gerne. Und wenn ein Gedicht von der Liebe handelt, dann bückt sie sich und wirft ihm eine Hand voll Blätter ins Gesicht und läuft ihm lachend davon. Auch jetzt

spricht er wieder davon, Bi nenne er sie, seine Bittersüße! Aber als sie ihm wieder davonspringen will,
hält er sie fest und küsst sie rasch auf den Mund.
Entsetzt reißt sie sich los und rennt davon. Drei Tage
lässt sie sich nicht blicken. Am Abend hört sie, wie
jemand vor ihrem Fenster pfeift. Was bildet er sich
nur ein, der Kerl?

Es klopft. Ihre Arbeitgeberin bringt eine Tasse
dampfenden Kamillentee. Dankbar nickt Paula ihr zu,
nippt aber nur kurz an der Tasse. Geschwächt sinkt sie
in das Kissen zurück, leise schließt sich die Tür.

Der nächste Sommer ist gekommen. Sie hat den
Eltern gerade eine gute Nacht gewünscht und das
Licht in ihrem Zimmer angezündet, als draußen
Musik ertönt. Sie blickt zum Fenster hinaus und muss
lachen. Drei seltsame Gestalten stehen dort unten.
Brecht ist es mit zwei Freunden. Der eine trägt einen
Lampion, der andere spielt Geige. Brecht schlägt die
Gitarre und singt dazu ein Lied:

»Jetzt wachen nur mehr Mond und Katz,
die Mädchen alle schlafen schon,
da trottet übern Rathausplatz
Bert Brecht mit seinem Lampion!«

Schön hört sich das an, und selbst ihre Eltern, die den
jungen Gymnasiasten auf den Tod nicht ausstehen
können, lauschen heimlich und wiegen die Köpfe im

Takt. Ja, solche verrückten Sachen fallen ihm ein. Gestern erst hatte er lange von unten zu ihrem Fenster hinaufgesprochen, weil sie nicht aus dem Haus kommen wollte. Schließlich war ihm das Genick steif geworden, sodass er sich auf den Rücken ins Gras gelegt hatte und in dieser bequemeren Haltung seine Monologe fortgesetzt hatte. Wie missmutig hatte ihr Vater abends geschaut!

Wieder wacht sie auf. Dennoch ist ihre Entscheidung richtig. Was sollen all diese alten Erinnerungen. Das bringt doch nichts! Zur Wehmut ist überhaupt kein Anlass, im Gegenteil. Sie beschließt, von etwas anderem zu träumen, und wirft sich auf die andere Seite.

Es ist das Frühjahr 1918, das letzte Kriegsjahr. Auch in Augsburg werden die Vorräte knapp. Ihre Eltern schicken sie aufs Land zum Hamstern. Das ist ihre Chance! Brecht hat von München aus, wo er jetzt studiert, alles genau vorbereitet. Mit dem Hamstern hat sie sich beeilen müssen und ist schon einen Tag früher als geplant nach Augsburg zurückgekehrt. Dort wartet am Bahnhof ein Freund von Brecht, nimmt ihre schweren Körbe mit den Eiern und dem Speck in Empfang und Paula besteigt heimlich und mit klopfendem Herzen den nächsten Zug nach München. Am Münchener Hauptbahnhof erwartet sie Brecht mit leuchtenden Augen. Endlich haben sie einmal ungestört Zeit für sich. Sie machen einen langen Spaziergang durch das

schöne München und Brecht zeigt ihr alle Sehenswürdigkeiten. Dann bringt er sie zu ihrem Hotel. Ihr wird
etwas mulmig, so allein in einer Großstadt zu übernachten, aber auch daran hat Brecht gedacht und hat
gleich das benachbarte Zimmer für sich reservieren
lassen. Als es Nacht wird und Zeit ins Bett zu gehen,
macht Brecht ihr den Vorschlag, doch zusammen in
ihrem Zimmer zu übernachten. Selbstverständlich
bräuchte sie nichts zu befürchten, Ehrenwort! Paula
ist einverstanden und so kriechen sie gemeinsam unter
die Decke. Doch Brechts Hände halten sich nicht an
das Versprechen und gleiten schon bald ihren Körper
entlang. Erschrocken richtet sie sich auf und wehrt
sich heftig. »Was machst du denn da?« Brecht sieht ihr
unschuldig in die Augen. »Ja, bist du denn noch nicht
aufgeklärt?« Paula schüttelt den Kopf. »Was glaubst
du denn, von wem denn, bitte?« Und so beginnt
Brecht, seiner Paula alles zu erklären. Zum Schlafen
kommen sie in dieser Nacht nicht. Viel zu aufregend
ist das, was Brecht zu erzählen weiß. Behutsam und
geduldig weiht er sie in die Geheimnisse der Mensch-
werdung ein. Und Paula lauscht höchst interessiert
und stellt viele Fragen. Als der Morgen graut, glaubt
sie, das Wesentliche verstanden zu haben. Und wie
süß er ihr alles beigebracht hat! Sie ist ihm sehr
dankbar dafür und schläft schließlich doch noch ein.

Wieder scheint sich ein neuer Fieberschub anzu-
kündigen. Paula fröstelt stärker. Der Kamillentee ist

kalt geworden. Da klopft es zart an die Tür. Karl ist es, ihr Verlobter, er kommt von der Arbeit zurück. Besorgt setzt er sich auf die Bettkante und fragt, wie es ihr gehe. Ihre Antwort beruhigt ihn nicht. Ob er nicht besser einen Arzt rufen solle? Paula schüttelt den fieberheißen Kopf. Das sei doch nicht nötig. Er werde schon sehen, morgen sei sie wieder gesund. Er lächelt und streicht ihr über den Kopf. »Soll ich dir noch frischen Tee bringen, Liebes?« Sie schüttelt den Kopf. »Danke, ich schlaf mich jetzt lieber gesund!« Er legt ihr noch eine Decke über und geht leise aus dem Zimmer. Paula schließt die Augen.

Am nächsten Morgen gehen sie gleich nach dem Frühstück wieder spazieren. In München gibt es ja so viel zu sehen. Sie essen im Augustiner-Biergarten. Als Nachspeise bekommt sie noch einen Heidelbeerquark. Brecht schaut sie an und muss lachen. »Was hast du denn für blaue Lippen, kleine Bi?« Sie lachen viel miteinander und Brecht erzählt ihr von seinen Plänen. Wieder staunt sie über ihn. Wie fest er davon überzeugt ist, einer der größten deutschen Schriftsteller zu werden. Gleich nach Schiller und Goethe! Bisher hat er doch kaum etwas veröffentlicht. Aber sein schier grenzenloser Glaube an sich selbst gefällt ihr. Wie wenig Selbstvertrauen hat sie dagegen. Wenn er doch nur nicht so zerlumpt ausschauen würde! Ja, er stinkt direkt und weigert sich, sich zu waschen. Er pflegt sein ungepflegtes Image und ist auch noch stolz darauf. Nach dem Essen führt er sie zum Marienplatz. Vor der Mariensäule umarmt er sie und küsst sie leidenschaftlich. Und sie schließt die Augen und es gefällt ihr sehr. Doch der lange Stadtspaziergang und die durchwachte Nacht haben sie müde gemacht. Brecht führt sie zurück zum Hotel, wo sie sogleich aufs Bett sinkt. Sie denkt schon, Brecht sei aus dem Zimmer, als sie plötzlich seine Hände spürt, die sie hastig entkleiden. Ungestüm reißt er auch sich die Kleider vom Leib und dringt dann heftig in sie ein. Wild und mit großer Eile fällt er über sie her, rasch und erschöpft sinkt er zur Seite. Es sei auch für ihn das erste Mal gewesen, gesteht er ihr flüsternd. Sie lächelt und glaubt es ihm sofort.

Wieder öffnet sich die Tür, wieder ist es Karl. Wie anders er ist, nicht wie dieser Brecht. Gepflegt ist er und rücksichtsvoll. Er legt ihr ein feuchtes Tuch auf die Stirn, die Kühlung tut ihr gut. Wieder lächelt sie dankbar. Karl ist bestimmt der Richtige, das weiß sie jetzt genau. Nein, die Entscheidung war voll und ganz richtig. Ein gut aussehender, liebevoller Mann mit einem vernünftigen Beruf, was will sie mehr? Und wie nett er mit den Kindern spielen kann! Sicher wird er auch ein guter Vater sein. Beruhigt schließt sie die heißen Augenlider wieder.

Ein kalter Wintertag in einem kleinen Ort in Oberbayern. Zur Untermiete wohnt sie hier bei einfachen Leuten. In Augsburg wollen sie ihre Eltern nicht mehr haben, seitdem sie von ihrer Schwangerschaft wissen. Erst, wenn das Kind geboren und in Pflege gegeben ist, darf sie wieder zurückkehren. Ein uneheliches Kind in der Familie, welche Schande! Aber schlimmer wäre es für die Eltern noch, wenn sie und Brecht heiraten würden! Nicht diesen zerlumpten Burschen, diesen Schriftsteller! Wie soll der einmal eine Familie ernähren? Der Vater von Paula, der erfolgreiche Arzt, gibt ihr keinen Pfennig mehr. Soll sie mal sehen, wie sie zurechtkommt! Das wird ihr eine Lehre sein. Soll doch Brecht für alles aufkommen! Und Brecht tut, was er kann. Lebt in München nunmehr völlig einfach und spart sich selbst das Essen vom Munde ab, um Paula etwas zukommen lassen zu können. Heute will er sie besuchen. Wo bleibt er bloß? Paula schaut aus dem Fenster. Draußen tobt ein Schneesturm ums Haus. Der Bus hätte ihn doch schon längst bringen müssen. Da nähert sich eine vermummte Gestalt, kämpft sich gebückt durch den Schnee. Brecht ist es. Er taumelt erschöpft und durchnässt in die Stube. Sechs Stunden ist er vom nächstgelegenen Bahnhof gelaufen. Er sagt, er habe den Bus verpasst, aber Paula weiß es besser. Er wollte den Preis für die Fahrkarte sparen, um ihr das Geld geben zu können.

Wieder kommt Karl ins Zimmer, weckt sie nicht, sondern setzt sich auf einen Stuhl und wartet, bis sie die Augen öffnet. Sie sieht ihn an und will dem Besorgten etwas Liebes sagen: »Ich habe heute meinen Eltern geschrieben, dass wir seit gestern verlobt sind!« Er lächelt sie an. »Sprich nicht! Ruh dich nur aus! Schlaf wieder ein!« Folgsam schließt sie die Augen.

München-Schwabing. Eine lustige Künstlerrunde in einem verräucherten Lokal. Sie sprechen vom Theater, von Brechts *Trommeln in der Nacht*. Einer kritisiert ihn, rotweintrunken, kritisiert seine raue Sprache. Brecht bleibt gelassen. »Ich kann nur so schreiben, anders geht es nicht!« Er nimmt seine Paula in den Arm. Sie gehört mit dazu. Eifersüchtig überwacht er ihre Schritte, spannt selbst Freunde ein, um sie zu beobachten. Das Theater gefällt Paula, nur das lange Sitzen macht ihr Mühe. Lieber bewegt sie sich; sie liebt die Musik und den Tanz. Ach, wenn doch Brecht einmal mit ihr tanzen ginge! Aber er ist ja so hoffnungslos unsportlich, tanzt so, wie er damals Schlittschuh lief. Staksig, tapsig, ungelenk. Doch sie lässt nicht nach, bettelt und bittet, bis er schließlich nachgibt. Sie gehen in ein Tanzlokal. Die Musik fängt an zu spielen, sie tanzen. Es wird eine Katastrophe! Ständig tritt er ihr auf die Zehen, bringt sie zum Stolpern und spricht ihr dabei noch ununterbrochen ins Ohr. Sie macht einen zarten Versuch, ihn zu führen, aber das duldet er nicht. Die Musik macht endlich eine Pause, danach fordert sie ein anderer junger Mann auf. Freudig will sie annehmen, als Brecht dazwischentritt. Er bittet den jungen

Mann beiseite und redet ernsthaft auf ihn ein. Der junge Mann versteht und versucht woanders sein Glück. Jetzt ist sie böse auf Brecht, ernsthaft böse. Warum gönnt er ihr den kleinen Spaß nicht? Was ist denn schon dabei? Ständig will er sie erziehen, ihr reicht das jetzt. Aus Trotz geht sie am nächsten Samstag allein auf einen Faschingsball. Ausgelassen tanzt sie über das Parkett, genießt jede Drehung, fühlt sich endlich wieder frei und unbeschwert. Plötzlich steht Brecht neben der Tanzfläche, winkt ihr zu und macht ihr Zeichen. Sie soll zu ihm herüberkommen. Trotzig tanzt sie weiter, jetzt erst recht! Ist sie denn sein Eigentum? Sie ist es leid, sich bevormunden zu lassen! Er kämpft sich zu ihr durch, nimmt sie bei der Hand, aber sie reißt sich los. Was nun? Will er sie zwingen? Das kann er nicht und das weiß er. Aber er hat ja noch seine stärkste Waffe, seine Sprache. Er macht ihr Vorhaltungen, wie sie als junge Mutter ans Vergnügen denken kann, während ihr Sohn krank zu Bett liege. Da blitzt der Zorn aus ihren Augen. Wie gemein sie ihn plötzlich findet! Wie kann er nur ihren Sohn da mit hineinziehen? Was hat der kleine Frank damit zu tun? Er hat es doch gut bei seinen Pflegeeltern, die Lungenentzündung ist doch schon lange überstanden! Aber Brecht hat wieder einmal sein Ziel erreicht, sie hat keinen Spaß mehr an diesem Fest und geht schweigend mit ihm nach Hause.

Sie öffnet die Augen. Wie spät mag es sein? Karl sitzt noch im Halbdunkel auf seinem Stuhl. Ist er eingeschlafen? Sie hat ihn hier in Nürnberg kennen gelernt. Nach dem Tod ihres Mannes hat die junge Witwe ein Zimmer an ihn untervermietet, in das benachbarte Zimmer ist sie als Erzieherin eingezogen. An sich hat sie nie daran gedacht, anderer Leute Kinder zu erziehen. Sie wollte einfach nur weg, weg von München und weg von Augsburg und den Eltern. Da hat sie auf die Zeitungsannonce der jungen Witwe geantwortet, die eine Erzieherin für ihre kleinen Kinder suchte. Aus zahlreichen Bewerberinnen hatte die junge Witwe ausgerechnet sie ausgewählt. Warum? Weil sie die Einzige gewesen sei, die geschrieben habe, von Kindern und ihrer Erziehung nicht die blasseste Ahnung zu haben. Diese erfrischende Ehrlichkeit habe ihr gefallen und sie hat sie gleich engagiert. Ihre Offenheit hatte auch Brecht verzaubert, aber was half das alles? Er hat sich letztlich nicht entscheiden können und sie ist die Ungewissheit und die ewigen Gängeleien leid gewesen und ist nach Nürnberg gegangen. Hier hat sie sich in Karl verliebt, der sich jetzt so rührend um sie sorgt, und sie haben sich verlobt. Keine große Feier, nur ein stilles Versprechen. Ihren Eltern hat sie geschrieben und auch Brecht hat sie eine Karte geschickt. Damit er Bescheid weiß. Paula dreht sich seufzend wieder zur Seite. Da schellt es an der Tür. Sie hört Stimmen draußen. Nicht lang, da klopft es an ihre Zimmertür. Die junge Witwe meldet, es sei Besuch für sie gekommen, und da steht er schon im Zimmer. Bert Brecht in seiner schwarzen Joppe. Ungepflegt wie immer, mit zerzaustem Haar. Gleich eilt er zu Paula und setzt sich an ihr Kopfende. Paula ist verwirrt. Mit fieberglänzenden Augen richtet sie sich auf, stellt Brecht ihrem Verlobten vor, der ebenfalls wach geworden ist. Brecht grüßt ihn kurz und beachtet ihn fortan nicht weiter. Ihr Verlobter steht auf und setzt sich gleichfalls, als ob er Paula beschützen wolle, auf ihre Bettkante. So sitzen sie da. Keiner spricht ein Wort. Ein stummer Kampf tobt zwischen den Männern. Paula ist zu erschöpft, um etwas dazu zu sagen. Was bildet sich Brecht nur wieder ein? Draußen dämmert langsam der Morgen. Die Glocken von St. Sebald tönen herüber. Kaum einmal wechselt einer der Männer seine Sitzposition. Paula staunt. Auch Karl bleibt hartnäckig. So vergeht der Sonntag, Karl am Fußende, Brecht am Kopfende, die kranke Paula dazwischen. Ein seltsamer Zweikampf. Keiner gibt nach, keiner spricht ein Wort, auch Karl sagt nichts, es ist gespenstisch. Am Montag in der Früh steht Karl auf. Er muss zur Arbeit, gibt Paula einen Abschiedskuss. Als er aus dem Zimmer ist, schlägt Brechts Stunde. Er hält ihr einen langen Vortrag, malt ihr das Bild einer gemeinsamen glücklichen Zukunft. Doch Paula schüttelt nur den Kopf. Das hat doch alles keinen Sinn mehr! Zu oft hat sie solche Versprechungen gehört. Aber Brecht gibt nicht auf. Rasch gelingt es ihm, das Vertrauen der jungen Witwe zu gewinnen, fasziniert sie mit seinem Künstlertum und erweicht ihr Herz. Sie lässt ihn in einer Kammer schlafen. Brecht hält aus. Kommt Karl abends von der Arbeit heim, sitzt er schon wieder bei Paula auf dem Bett, geht Karl am Morgen, setzt er seine Ansprachen fort. Zwischendurch trinkt er einen Schluck Wasser und wartet auf ihre Zustimmung. Die aber bleibt aus. Fünf Tage geht das so, dann kann sie sich der Magie seiner Worte nicht länger entziehen. Brecht hat sein Ziel erreicht. Paula glaubt ihm wieder, gibt ihm zur Versöhnung einen Kuss, verspricht, ihre Verlobung mit Karl wieder zu lösen. Glücklich fährt er zurück nach München.

Geheiratet hat sie ihn dann doch nicht, sondern einen anderen Mann. Auch diesen versuchte Brecht ihr auszureden, führte heftige Reden gegen ihn und schickte schließlich sogar seine spätere Frau Helene Weigel zu ihr, um sie, Tage vor der geplanten Hochzeit, wieder zu ihm zurückzubringen. Aber alles konnte nichts mehr ändern und hatte nur einen lebenslangen Hass des Ehemanns auf Brecht zur Folge. Was hat Brecht tatsächlich für seine Bi empfunden? Helene Weigel bekennt es später: Brecht hat viele Frauen gehabt, aber geliebt hat er nur die Bi.

Hermann Kesten, der Club und die Meisterschaft

Im Jahre 1920 wechselt der bekannte Nürnberger Dichter Hermann Kesten die Universität und geht von Erlangen nach Frankfurt. Gerade dort wird auf dem Platz der Germania das Endspiel um die Deutsche Fußballmeisterschaft ausgetragen. Weil sich für dieses Finale, dem ersten seit fünf Jahren nach kriegsbedingter Pause, auch der 1. FC Nürnberg qualifiziert hat, beschließt Hermann Kesten, ganz gegen seine Gewohnheit, sich das Match und die junge Mannschaft aus seiner Heimatstadt anzuschauen.

Es ist der 13. Juni 1920. Eine große Menschenmenge ist gekommen, weit über dreißigtausend Zuschauer. Nicht alle haben auf den Tribünen Platz gefunden, manche sind auf nahe Bäume geklettert, andere sitzen auf den Dächern von Autobussen. Die meisten Zuschauer sind aus Franken angereist, ist der Endspielgegner der Nürnberger doch ausgerechnet die gefürchtete Spielvereinigung aus Fürth, der amtierende Meister. Trotz der sommerlichen Witterung sind die Fans ordentlich nach der Mode der Zeit gekleidet. Dunkle Anzüge, Hüte und Krawatten, wohin man blickt, Hermann Kesten mitten unter ihnen. Nicht nur das Endspiel an sich und die Tatsache, dass hier seine Nürnberger spielen, haben ihn ins Stadion gelockt. Es gibt da noch einen anderen, einen persönlicheren Grund.

Als die Spieler der beiden Mannschaften jetzt auflaufen und der Jubel der Fans aufbrandet, stellt er sich auf die Zehenspitzen, um bessere Sicht zu haben. Tatsächlich, da vorne, das ist er! Das ist Hans Kalb! Sein Schulkamerad! Lang aufgeschossen und hager, die Haare wie stets glatt und streng gescheitelt, läuft er auf den Platz. Unverkennbar Hans Kalb! In den zwei Jahren, seitdem er ihn zuletzt gesehen hat, hat er sich nicht verändert. Frenetisch klatschen die Anhänger der beiden fränkischen Vereine. Der Schiedsrichter bittet die Mannschaftskapitäne zu sich. Gustav Bark, der rechte Verteidiger, entscheidet die Seitenwahl für den Club, ein schriller Pfiff ertönt, das Spiel beginnt.

Der Club ist zum ersten Mal bei einem Endspiel dabei, die Fürther gelten als die klaren Favoriten. Ihr Sturmtrio wirbelt die Nürnberger Abwehr bereits in der Anfangsphase kräftig durcheinander. Nach acht Minuten ist Sutor durch und kann nur durch ein Foul gebremst werden. Gellende Pfiffe der Fürther Fans begleiten die Aktion. Freistoß für Fürth. Der Ball liegt nahe der Strafraumgrenze, das ist eine Sache für Hierländer. Hans Kalb stellt sich mit in die Mauer und dirigiert seine Kameraden. Schützend halten sie ihre Hände vor die Lendengegend, Hierländers Freistöße sind berüchtigt. Ein kurzer Anlauf, ein Schuss und der Ball fliegt scharf an der Mauer vorbei. Doch

Stuhlfauth, der Nürnberger Torwart, hat die richtige Ecke geahnt und fängt den Ball sicher.

Hermann Kesten hatte vor genau einem Jahr sein Abitur gemacht, ein Jahr nach Hans Kalb. Sie hatten gemeinsam das Königliche Alte Gymnasium besucht. Humanistische Bildung mit Latein und Griechisch. Kesten war froh, die Schule hinter sich zu haben. Er hatte sie in keiner guten Erinnerung. Wie hatte es in seinen allgemeinen Zeugnisbemerkungen geheißen? »Sein zur Selbstüberschätzung neigendes Wesen brachte ihn nicht selten zu den Ordnungen der Schule in Gegensatz.« Zu den Ordnungen der Schule in Gegensatz! Feine Ordnungen sind das gewesen! Was war eine Ordnung wert, die es darauf abgesehen hatte, ihre Schüler zu erniedrigen? Allein das alljährliche Ritual, zu Beginn eines jeden Schuljahres vor der versammelten Klasse und vor jedem Lehrer nach dem Beruf von Vater und Mutter ausgefragt zu werden! Mit Scham und Zorn erinnert sich Kesten an einen unglücklichen Mitschüler, der jedes Jahr aufs Neue, vor neun verschiedenen Lehrern neun Mal, bekennen musste: Vater unbekannt, Mutter Dienstmagd.

In die Drangperiode der Fürther hinein ein schneller Konter der weinroten Nürnberger. Popp wird der Ball zugeflankt und der zögert nicht lange und jagt das Leder mit einem fulminanten Volleyschuss ins Netz! Tor! Unglaublich! Eins zu null für den Club!

Jubelnd umarmen sich die Weinroten und auch deren Fans liegen sich in den Armen. Eins zu null für Nürnberg! Aber es ist erst eine Viertelstunde gespielt und nun werden die Fürther noch verbissener angreifen. Werden die Nürnberger diesem Druck standhalten? Die Fürther kämpfen wie die Löwen, die Clubberer kommen kaum mehr aus ihrer Hälfte heraus. Hans Kalb organisiert die Abwehr, schreit Anweisungen wie Befehle über den Platz. Er geht hart zur Sache, zeigt jedoch, wenn er etwas Raum zur Verfügung hat, gerne auch seine technischen Kabinettstückchen. Elegant, wie er den Ball vom Kopf auf den leicht gehobenen Fuß tropfen lässt, ihn sodann in einem kühnen Bogen über sich hinwegbefördert, um ihn schließlich mit dem Absatz zum Mitspieler zu kicken. Für solche Kunststücke bekommt er den Sonderapplaus der Fans. Kein Zweifel, Hans Kalb ist der Star der Mannschaft!

Hermann Kesten sind diese artistischen Einlagen gut vertraut. Schon damals, beim gemeinsamen Spiel nach der Schule auf der nahen Wöhrder Wiese, hatte Hans Kalb durch solche Tricks brilliert. Gelegentlich hatte auch er, Hermann Kesten, mitgespielt. Schlagball zunächst, dann jedoch fast nur noch Fußball. Hans Kalb aber war der Beste von ihnen gewesen. Die Turnlehrer ihrer Schule hatten das Treiben auf der Wöhrder Wiese mit Argwohn beäugt. Das Fußballspiel war ihnen suspekt. Was hatte das noch mit den

Idealen des Turnvaters Jahn zu tun? Nur das Turnen und die Leichtathletik ließen sie gelten. Sie hatten sogar mit der Zentralturnlehrerschaft ein Protestgutachten erstellt und dieses an das königlich-bayerische Kultusministerium geschickt. Der Kultusminister hatte sich schnell der Meinung der bayerischen Turnlehrer angeschlossen. Ein Erlass wurde herausgegeben, darin hieß es, dass allen bayerischen Gymnasiasten künftig das Fußballspiel verboten sei. Wohlgemerkt, auch in der Freizeit. Bei Zuwiderhandlungen drohten Arrest oder gar die Nichtversetzung. Die Schüler des Alten Gymnasiums in Nürnberg zeigten sich von diesen Drohungen allerdings wenig beeindruckt. Nach der Schule rollte zum Ärger der Turnlehrer schon bald wieder der Ball auf der Wöhrder Wiese.

Das Spiel wird hektischer. Immer wieder versuchen die Fürther ihre Angriffe über die Flügel laufen zu lassen. Doch was die Clubabwehr durchlässt, wird souverän von Stuhlfauth gehalten. Ein Teufelskerl, dieser Stuhlfauth! Selten kommt es vor, dass er sich auf den Rasen werfen muss. Meistens wehrt er die Bälle mit dem Fuß ab. Dabei kann es passieren, dass er weit aus seinem Kasten herausläuft und wie ein Abwehrspieler dem gegnerischen Spieler zwischen die Beine grätscht. »Ein guter Torwart schmeißt sich nicht«, lautet einer seiner Lieblingssprüche. Stets trägt er den gleichen verwaschenen grauen Pullover und dazu seine Schirmmütze. Er und Hans Kalb, das sind die Stützen der Nürnberger Mannschaft, die heute auch die Fürther verzweifeln lassen. Ein letzter Angriffsversuch der Kleeblätter, dann pfeift der Schiri zur Pause.

Hier in Frankfurt hat Hermann Kesten noch nicht recht Fuß gefasst. Das Jurastudium betreibt er äußerst lustlos. Seinem Vater zuliebe hat er es begonnen, er soll einmal ein Arme-Leute-Anwalt werden. Dabei ist er sich überhaupt nicht darüber im Klaren, wie sein Leben weiter verlaufen soll. Seine Liebe gilt der Literatur und dem Theater. Schon als Schüler hat er Schauspiele verfasst, manche zusammen mit seinem Freund Karl Beisler. Und nun soll er Anwalt werden und in Kanzleien herumhocken. Dabei ist es sein Vater gewesen, der die Leidenschaft für Bücher bei ihm entzündet hat. Sein Vater, sein geliebter Vater! Vor einem Jahr ist er grausam an seinen Kriegsverletzungen gestorben, die Beine hatte man ihm amputieren müssen. Oft hatte er ihm abends vorgelesen, Heinrich Heine vor allem, dessen scharfsinniger Witz ihn anspricht. Nach dem Tod des Vaters muss nun die Mutter allein für ihn und seine Schwestern sorgen, und sie führt, so gut es geht, den Eierhandel weiter. Dennoch ist klar, dass er sich für einen Brotberuf ausbilden muss, und so hat er mit der Juristerei angefangen. Das erste Semester hatte er in Erlangen studiert, wohin er täglich von Nürnberg aus geradelt war. Nun ist er in Frankfurt gelandet, wo er jedoch häufiger in den Kaffeehäusern als in den

Hörsälen sitzt. Zum Studieren hat er keine rechte Lust, zum Dichten allerdings auch nicht. Er ist in einer Krise, ist unzufrieden mit sich selbst und weiß nicht recht, wie es weitergehen soll.

Die zweite Halbzeit beginnt. Mit neuer Kraft kommen die Kleeblätter aus der Kabine und setzen den Club gleich wieder gehörig unter Druck. Hans Kalb schreit nun noch lauter als zuvor, was einen Fürther Fan, der neben Hermann Kesten steht, aufregt: »Halt dei Schlabbern, sunst werst nausgstellt!« Hermann Kesten muss lachen, als er den vertrauten Dialekt vernimmt. – »Ja, is doch wohr!«, sagt der Fürther mit hochrotem Kopf. »Ich wenn Schiedsrichdä wär, der Kalb fliecherd scho längst naus, so wie der sei Waffl aufreißd!« Hermann Kesten muss erneut lachen. Kein Wunder, dass die Fürther Hans Kalb nicht mögen! Immer öfter schaltet er sich nun in das Angriffsspiel mit ein. Jetzt wieder: Er lässt Löblein aussteigen, dann Ammersbacher und passt hinüber auf die linke Seite zu Träg, der das Leder mit seinem gefürchteten linken Fuß nur knapp am Tor der Kleeblätter vorbeizimmert. Träg hat einen Trick entwickelt, um noch härter schießen zu können: Er trägt seine Fußballschuhe immer zwei Nummern zu klein, was seinen Fuß hart wie Beton werden lässt.

Hermann Kesten schaut auf die Uhr. Noch eine halbe Stunde zu spielen. Neben ihm diskutieren die Fans aufgeregt das Spiel. Hans Kalb scheint hier jeder zu kennen. Mit seinen zwanzig Jahren ist er schon berühmt, wohl der berühmteste Schüler des Alten Gymnasiums aus Nürnberg. Morgen werden alle Zeitungen über ihn schreiben, einen triumphalen Empfang werden sie ihm und seiner Mannschaft bereiten, wenn sie hier tatsächlich als Meister den Platz verlassen sollten. Ob wohl noch ein Mensch aus seinem Bekanntenkreis eine solche Popularität erreichen wird? Hermann Kesten wird nachdenklich. Was ihn selbst betrifft, so sieht er da schwarz. Zu mutlos ist er. Der Traum vom großen Dichter wird wohl ein Traum bleiben. Die chronisch schlechte Laune und eine quälende Unlust lähmen seine Kräfte. Und er schläft so schlecht. Oft schrickt er mitten in der Nacht auf, weil er wieder von seinem toten Vater geträumt hat. Das Einzige, auf das er sich im Moment noch freuen kann, ist das Wiedersehen mit seinem Schulfreund Karl Beisler. Er wird sich in Frankfurt aufs Rad schwingen und Karl in Heidelberg. Dann treffen sie sich auf halbem Weg in Lorch, wo sie sich gegenseitig vorlesen werden. Karl wird ihn schon wieder auf andere Gedanken bringen.

Die Fürther versuchen es nun mit der Brechstange. Aber die Abwehr der Clubberer mit dem Eisenbein Hans Kalb im Zentrum ist nicht zu knacken. Auch Doktor Steinlein, der Hüne im Team der Nürnberger, macht eine ausgezeichnete Partie. Glücklicherweise hatte ihm sein Arbeitgeber, der Direktor einer Bank, im letzten Moment noch für dieses wichtige Spiel freigegeben. Sie alle arbeiten ja oder studieren. Hans Kalb zum Beispiel steht die Woche über in Erlangen in der Zahnklinik über Gebissmodellen, denen er frische Plomben hineindrückt. Er will Zahnarzt werden.

Gerade hat er erneut einen Ball erkämpft und schlägt eine weite Flanke hinüber zu Szabo, der zwei Fürther aussteigen lässt, plötzlich nur noch den Torwart vor sich hat und an diesem vorbei das Leder überlegt in die lange Ecke schiebt. Zwei zu null für den Club! Was für ein Jubel! Ist das die Entscheidung? Zwei zu null und nur noch zwanzig Minuten zu spielen. Die Spielvereinigung aus Fürth bemüht sich noch einmal, aber die Moral scheint gebrochen und schließlich fehlt auch die Kraft, das Blatt noch einmal zu wenden. Der Schlusspfiff. Grenzenloser Jubel bei den Clubanhängern! Die Meisterschaft ist errungen, die erste Meisterschaft für den Ersten Fußballclub Nürnberg! »Und ich kann sagen, ich bin dabei gewesen!«, denkt sich Hermann Kesten und freut sich mit. In dem entstehenden Gewühl wird er mit nach vorne gerissen. Alle wollen auf den Platz zu den Fußballhelden, wollen sie hochleben lassen. Da wird einer auf den Schultern vorbeigetragen, direkt auf Hermann Kesten zu. Hans Kalb ist es, jawohl, Hans Kalb persönlich! Unwillkürlich streckt ihm auch Hermann Kesten die Hand entgegen, und der verschwitzte Spieler, der Held des Tages, drückt sie ihm flüchtig. Ob er mich erkannt hat?, fragt sich Hermann Kesten beim Heimgehen. Ihn, den alten Schulkameraden aus dem Königlichen Alten Gymnasium? Hermann Kesten weiß es nicht und wird es nicht erfahren.

Was er sich jetzt nicht vorstellen kann: In gar nicht langer Zeit schon wird er selber größte Popularität erreichen. Sein erster Roman *Josef sucht die Freiheit* wird auf Anhieb zum Erfolg. Er wird es zu Deutschlands auflagenstärkstem Dichter bringen, übersetzt in viele Sprachen. 1933 flieht er vor den Nazis, geht ins Exil, schreibt aber weiter und setzt sich für viele Verfolgte ein. Nach dem Krieg verbittert er nicht, sondern behält seinen unverwechselbaren Humor und fühlt sich auch weiter mit seiner Heimatstadt verbunden. Mit fünfundneunzig Jahren stiftet er die Preissumme für den ersten Nürnberger Menschenrechtspreis. 1996 stirbt Hermann Kesten in Basel.

Hesse auf Lesereise

»Nun nur noch Nürnberg«, seufzte Hermann Hesse. Sein Zustand war nicht der beste. Er wusste selbst nicht mehr, warum er die Strapazen dieser Reise auf sich genommen hatte. Im Grunde verabscheute er es, Lesungen zu halten. Dieser ganze Dichterkult, der Rummel um seine Person, was sollte das? Warum hatte er nicht ein Telegramm geschrieben und abgesagt? Jetzt war es zu spät. Nun saß er im Zug, einer dieser so genannten Fortschrittsmaschinen, und starrte aus dem Fenster. Augsburg lag schon hinter ihnen. Auch dort hatte er einen Vortragsabend gehalten. Müde war er gewesen, erschöpft. Hinterher waren wieder zahlreiche Zuhörer zu ihm gekommen, um sich Bücher signieren zu lassen. Er hatte still geseufzt und daran denken müssen, dass er auch noch nach Nürnberg musste, und hatte seinen Namen brav in die hingehaltenen Bücher geschrieben. Ein älterer Herr, der sich eine Widmung für seine Frau erbeten hatte, hatte sich, nachdem er einen kurzen Blick auf die Worte Hesses geworfen hatte, wieder ordentlich hinten angestellt, um dann den Dichter schüchtern und im schönsten Schwäbisch zu fragen, ob sich die Widmung vielleicht noch ändern ließe. Hermann Hesse hatte die Zeilen gelesen, die er kurz zuvor hineingeschrieben hatte. »Zur Erinnerung an den Abend in Nürnberg« stand dort geschrieben.

Kopfschüttelnd hatte Hermann Hesse zum Radiergummi gegriffen und »Nürnberg« ausradiert und dafür »Augsburg« hineingeschrieben.

Hermann Hesse nahm die schwarz geränderte Brille mit den runden Gläsern ab und rieb sich die Augen. Seine Kurzsichtigkeit und die ständigen Entzündungen machten ihm zu schaffen. Er beschloss, nach der Nürnberger Reise in München einen Augenarzt aufzusuchen. Hier und da hatte eine ärztliche Behandlung die Schmerzen schon zu lindern vermocht. Er setzte die Brille wieder auf und schaute erneut zum Fenster hinaus. Der Tag war trübe. Der Zug rauschte durch eine wilde, raue, menschenleere Landschaft. Hesse, obwohl schon achtundvierzig Jahre alt, war noch nie in dieser Gegend gewesen. Auf Nürnberg hatte er sich eigentlich gefreut. Er kannte die Stadt aus den Schilderungen Wackenroders und E. T. A. Hoffmanns. Die mittelalterliche Romantik übte auch auf ihn keinen geringen Reiz aus. Aber nun war die Vorfreude gänzlich von ihm gewichen. Draußen regnete es und der Regen ging mehr und mehr in Schneefall über. Dabei war es erst Anfang November. In dünnen, gezackten Rinnsalen lief das Wasser schräg die Fensterscheibe entlang, um sich am unteren Rand zu einem kleinen zitternden See zu vereinigen. Draußen zogen endlos lange Föhrenwälder vorbei. Lang und immer länger kam ihm die Reise vor. Wie lange waren sie schon gefahren?

Mehr als zwei Stunden mit dem Zug reisen zu müssen war ihm unerträglich. Er liebte die Langsamkeit, das Leben nach dem Rhythmus der Natur. Nicht ohne Grund hatte er diese Fahrt auf der Landkarte sorgsam in kleine Abschnitte gestückelt. Von seinem Haus im Tessin, in dem er seit der Trennung von seiner Familie wie ein Eremit lebte, fuhr er nach Zürich, Tuttlingen, Blaubeuren, Ulm, Augsburg, Nürnberg. Für jede Station hatte er mehrere Tage eingeplant, besonders für Blaubeuren, wo er die schöne Lau zu treffen gehofft hatte. Mörike war schon immer einer seiner Lieblingsdichter gewesen. Tatsächlich hatte sich auch der alte Hausmeister des Nonnenhofes bereit erklärt, ihm den Kellerraum zu zeigen, durch welchen jener seltsame Wasserlauf führte, über den die schöne Lau von ihrem Blautopf hinüberschwamm, um hier ihr Bad zu nehmen. Über eine alte Treppe waren sie hinabgestiegen und in ein hohes, schön gemauertes Kellergewölbe gelangt, in dem jedoch von einem Wasserlauf nichts zu sehen gewesen war. Der Hausmeister hatte nur gegrinst, als er das fragende Gesicht des Dichters bemerkt hatte, und hatte mit seiner Taschenlampe auf den Boden geleuchtet. Ein frischer Zementboden war im Lichtstrahl zu sehen gewesen. Wo aber war das Bad der Lau? Der Hausmeister hatte sich daraufhin gebückt und mit großer Anstrengung ein rundes Zementstück an einem Griff in die Höhe gehoben. Durch das kreisrunde Loch hatte man im Schein der Lampe das mattschwarze Wasser trübe plätschern gesehen. Das Bad der Lau! Zugemauert unter hartem Beton! Schaudernd war Hesse wieder aus dem Keller empor-gestiegen. In welcher Zeit lebte er? Für Poesie und Märchen war kein Platz mehr in dieser modernen Welt der Stahlwerke und Betondeckel.

Der Zug verlangsamte nun seine Fahrt. Die Nürn-berger Vorstädte wurden sichtbar. Qualmende Kami-ne und schmutzige Fabriken auch hier. Dann fuhr der Zug in den Bahnhof ein und hielt. Hesse stieg aus. Auf dem Bahnsteig herrschte hektisches Treiben. Man hatte versprochen ihn abzuholen, nur, ob man ihn in diesem Menschengewühl auch finden würde? Der junge Dichter Wilhelm Kunze, mit dem er seit einiger Zeit in freundlichem Briefkontakt stand, hat-te versprochen, zum Zug zu kommen und ihn vor den Damen des literarischen Vereins zu beschützen. Aus dem Strom der Reisenden trat ihm ein junger Mann entgegen und sprach ihn freudig erregt an: »Sind Sie Hermann Hesse?« Hesse nickte erleichtert. Der jun-ge Mann war ihm gleich sympathisch. Es war tatsäch-lich sein Dichterfreund Wilhelm Kunze. Jedoch war es diesem nicht gelungen, alleine zu kommen. In seiner Begleitung befand sich eine Dame, die sich sogleich als literarische Vertreterin der Stadt Nürn-berg vorstellte und nun ununterbrochen auf den erschöpften Dichter einredete. Dieser war durch die

Strapazen der Reise und durch seine angeborene Höflichkeit nicht in der Lage, sich gegen sie zu wehren. Auch Wilhelm Kunze zuckte nur hilflos mit den Achseln.

Sie gingen zu seinem Hotel, wo ihm die Dame aber nur erlaubte, kurz seine Koffer abzustellen, da das Programm nun vorsah, dass sie ihm Nürnberg zeigte. Sein Dichterfreund machte ein unglückliches Gesicht bei diesem so resolut vorgetragenen Vorschlag. Dabei hatte er die Dame doch noch gestern ausdrücklich darauf hingewiesen, dass Hermann Hesse ein empfindsamer Mensch sei und in einer großen Stadt vor allem der Schonung vor Menschen bedürfe. Freundlich hatte er darum gebeten, Hesse nicht mit Einladungen und Festessen und anderen Zudringlichkeiten zu belästigen. Die Dame vom literarischen Verein, der er diese Bitten äußerst höflich und behutsam mitgeteilt hatte, hatte jedoch recht empfindlich darauf reagiert. Stocksteif hatte sie sich bei seinen Worten aufgerichtet und schnippisch geantwortet, sie mache das nicht zum ersten Mal. Schon manche Berühmtheit hätte man eingeladen, man wisse schon, wie man mit Dichtern umzugehen habe, bislang habe sich noch keiner beschwert. Und überhaupt, was er sich nur denke! Er habe ja keine Vorstellung davon, welche Mühe es koste, eine solche Veranstaltung zu organisieren! Da habe man wohl auch das Recht, ein paar Stunden mit einem großen Menschen zusammen sein zu dürfen.

Nun musste er also zusehen, wie die Dame den armen Hermann Hesse in Beschlag nahm und ihn von einer Sehenswürdigkeit zur anderen schleppte, während sie unaufhörlich auf ihn einredete. Hesse merkte wohl, wie auch Wilhelm Kunze unter der Dame litt, und ein geheimes Band begann die beiden Leidensgenossen zu verbinden. Als sie eben um die Lorenzkirche gingen, flüsterte Hesse seinem Kameraden zu, heute Abend würden sie ja hoffentlich noch eine Gelegenheit finden, in Ruhe miteinander sprechen zu können. Die literarische Dame zog die beiden schnell weiter eine Geschäftsstraße entlang, um mit bedeutungsvollem Gesicht vor dem Schaufenster einer bekannten Buchhandlung stehen zu bleiben. – »Sehen Sie, lieber Herr Hesse, Nürnberg erwartet Sie!«, sagte sie mit unverhohlenem Stolz und zeigte auf die Auslage. Lauter Bücher von Hermann Hesse waren dort zu sehen, der *Peter Camenzind*, *Klingsors letzter Sommer* und *Siddhartha* natürlich. Belustigt entdeckte Hesse, dass direkt neben seinen Werken Bücher zum Thema *Die Geschichte des Okkultismus* platziert waren. Sein junger Freund, der sich für alles verantwortlich fühlte, fiel in neue Peinlichkeiten und lachte erleichtert, als Hermann Hesse von einem liebevollen Entgegenkommen der Buchhandlung sprach, die ihn wohl auch diesem Themenbereich zuordnete. Die Dame vom literarischen Verein, die ihn zuvor lobheischend angeblickt hatte, verstand den Scherz jedoch falsch und erzählte hastig, dass in diesem Buchladen auch die Karten für den heutigen Vortragsabend verkauft würden und dass der Buchhändler selbst ein großer Freund des Dichters sei. Hesse warf nochmals einen Blick in das Schaufenster. Gut, dass er den *Demian* unter einem Pseudonym veröffentlicht hatte, dachte er und mit einem heimlichen Lächeln fragte er sich, ob sie ihn auch eingeladen hätten, wenn schon sein *Steppenwolf* erschienen wäre. Am liebsten hätte er sie angeknurrt.

Sie gingen nun über die Museumsbrücke, überquerten die Pegnitz und kamen zum Hauptmarkt, wo die Dame Hermann Hesse den Schönen Brunnen zeigte und diesen dermaßen anpries, als ob sie ihn selbst gebaut hätte. Der Dichterfreund starrte auf den goldenen Ring und hoffte inständig, sie möge Hesse nicht auch noch bitten, das Ding zu drehen! Heimlich versuchte er, Hermann Hesse weiterzuziehen, worauf die Vereinsdame jedoch ein resolutes »Moment!« ertönen ließ und den erschöpften Dichter mit einer Handbewegung, die keinen Widerspruch zuließ, zum Ring komplimentierte. Mit zittriger Hand drehte Hesse wunschgemäß den Messingring ein Mal im Kreis, still und inständig eine Bitte murmelnd. Und was er nicht zu hoffen gewagt hatte: Der Wunsch ging prompt in Erfüllung. Die Dame verabschiedete sich und wünschte dem lieben Herrn Hesse noch weitere schöne Stunden in Nürnberg. Man würde ja dann am Abend noch Zeit haben, die Unterhaltung fortzusetzen. Sie drehte sich um, aber dann fiel ihr noch etwas Wichtiges ein: »Jetzt hätte ich es fast vergessen, Sie geben uns doch morgen Mittag noch die Ehre, mit uns zu speisen?« Kunze starrte die Dame wütend an. Er hätte sie umbringen können! Und Hermann Hesse stammelte aus Liebenswürdigkeit und noch größerer Hilflosigkeit ein »Danke, ja, natürlich!« Zufrieden lächelnd verschwand die Dame um die Ecke.

Erleichtert sahen sich Hesse und Kunze an. Der Regen wurde wieder stärker und Kunze schlug vor, sich in das Café Hauptmarkt zu setzen, um sich zu regenerieren. Hermann Hesse war mit diesem Vorschlag sehr einverstanden und stieg hörbar aufatmend die Treppe empor. Sie setzten sich in einen stillen Winkel und waren bald in ein Gespräch vertieft. Hesse schätzte den jungen Dichter, seitdem dieser einen langen Aufsatz über ihn verfasst hatte. Und zwar nicht, weil Kunze ihn darin besonders gelobt hätte, sondern im Gegenteil, weil er die Vergeblichkeit seiner dichterischen Versuche und deren Ursachen klug dargestellt hatte. Außerdem hatte eine kleine Dichtung Kunzes, deren Held der Dichter Grabbe war, einen rechten Zauber auf ihn ausgeübt. Hesse nahm die Brille ab und rieb die beschlagenen Gläser. Der junge Kunze hatte ein angenehmes Gesicht und kleine, zarte Hände. Er ist mein Engel, dachte Hesse, für mich bestellt, mich hier in Nürnberg vor allen literarischen Damen zu bewahren. Der Redestrom ihrer Begleiterin und der Lärm der Großstadt hatten ihn fast betäubt. Die Schönheit Nürnbergs und seiner Bauten gingen in dem lärmenden Gebraus verloren. Sankt Sebald, Sankt Lorenz, das Rathaus mit dem Hof, alles war sehr schön gewesen, aber das Knattern der Motoren und die Hektik der Menschen ließen den Zauber verblassen. Hesse spürte, wie die großen Bauwerke der vergangenen Epochen unter dem Tempo der neuen Zeit zitterten, einer Zeit, die keine Netzgewölbe mehr baute und keine Brunnen, hold wie Blumen, in stille Höfe mehr zu setzen wusste. Alles schien ihm bereit, in der nächsten Stunde zusammenzustürzen, denn es hatte für ihn seine Seele verloren. Nun war er froh, hier zu sitzen und einen heißen Tee zu trinken. Das Café kam ihm wie eine Oase vor.

Es tat gut, der lärmenden Außenwelt entronnen zu sein. Der junge Kunze war ein feinfühliger Mensch und er wusste, dass Hesse nur ungern über Literatur redete. So kamen sie auf den Zweck von Hesses Reise zu sprechen. Offen teilte Hesse seinem Dichterfreund mit, dass er sich in einer Lebenskrise befinde und gehofft habe, sich durch diese Reise Klarheit über seine weitere Zukunft zu verschaffen. An sich sei ihm das Vortragen seiner Werke tief zuwider. Der junge Kunze nickte verständnisvoll und wollte ihm etwas Gescheites darauf erwidern, als er merkte, dass Hesses Aufmerksamkeit sich dem Nachbartisch zuwandte. Dort hatte eine – wie Kunze fand – arg biedere Nürnbergerin Platz genommen, zusammen mit ihrem Kind, einem kleinen Mädchen. Das Kind schien sich in dem Lokal zu langweilen. Es war aufgestanden, zu einem Klavier gelaufen und versuchte nun, den verschlossenen Deckel zu heben. Ärgerlich über seinen Misserfolg, begann das Mädchen auf das Klavier einzureden: »Itzd sperr doch dei dumme Waffl auf!« Hesse, der ein ausgesprochener Kinderfreund war, amüsierte sich über dieses Schauspiel und begann im gleichen Tonfall auf das Klavier einzureden, was der Kleinen offensichtlich gut gefiel und sie zum Lachen brachte. Hesse fragte das Kind nach seinem Namen, aber der Mutter war das wohl nicht recht und sie zog ihr Kind zurück auf seinen Stuhl.

Hesses Laune war nun deutlich besser, und er erzählte von anderen erfreulichen Begegnungen, die er auf seiner Reise gehabt hatte. So habe ihm nach der Lesung in Augsburg eine alte Schwarzwälderin aus seinem Heimatort Calw überrascht und bei einem Glas Wein im Hotel wären sie der Reihe nach alle Calwer durchgegangen, an die sie sich noch erinnern konnten. Dabei hätten sie bei jeder schlichten Namensnennung so ausgelassen gelacht, dass die jüngere Tochter der Calwerin, die etwas gelangweilt daneben gesessen hatte, von einem zum andern geblickt und die beiden wohl ziemlich albern gefunden hatte. Als Hesse so langsam auftaute, traute sich der junge Kunze, der ein glühender Vertreter der Lehren Rudolf Steiners war, Hesse auf Dornach und das Goetheanum anzusprechen, das im Januar abgebrannt war. Hesse kannte die anthroposophischen Neigungen seines Gegenübers, und obwohl er diese Weltanschauung immer skeptischer beurteilte, äußerte er sich doch durchaus lobend, um seinen Nürnberger Freund nicht zu betrüben. Schließlich war es Zeit, das Café zu verlassen, und Hesse, dessen Augen wieder zu schmerzen begannen, fragte Kunze, wo es wohl hier in der Nähe Badegläser zu kaufen gäbe. Kunze beschrieb ihm den Weg zu einer Apotheke, dann schüttelten sie sich zum Abschied die Hände und Hesse bat seinen Dichterfreund nochmals darum, ihn am Abend nach der Lesung rasch zu entführen, damit ihn nicht wieder wildfremde Menschen in Beschlag nehmen konnten. Freudig versprach Kunze ihm diesen Liebesdienst, und die beiden trennten sich.

Hesse fand die beschriebene Apotheke. Das alte, stattliche Gebäude gefiel ihm. Besonders interessiert betrachtete er ein Detail im Schaufenster, ein zerbrochenes Ei, aus dem ein Krokodilbaby kletterte. Er vertiefte sich in dessen Anblick. Die Reihe der kleinen scharfen Zähnchen, die blitzenden Äugelchen des

Tieres fand er höchst possierlich. Es erinnerte ihn an eine Reise nach Hinterindien, wo er ähnlich seltsames Getier gerne betrachtet hatte. Allein der Gestank der anfahrenden Autos hinter ihm riss ihn wieder aus seinen Träumen und er betrat die Apotheke und kaufte sich das Badeglas.

Am Abend wurde Hesse im literarischen Verein freundlich begrüßt. Der Saal war bis auf den letzten Platz gefüllt. Hesse setzte sich an den kleinen Vortragstisch und begrüßte im Stillen seinen treuesten Begleiter auf dieser Vortragsreise: das gefüllte Wasserglas. Er las einige Gedichte und dann ein Märchen, das er mit kleinen Aquarellen liebevoll illustriert hatte. Die Zuhörer waren sehr aufmerksam, auch wenn sein Vortragsstil eher zurückhaltend war und er keinesfalls durch Pathos Eindruck zu erwecken suchte. Wieder verging die knappe Vortragsstunde sehr rasch. Als er geendet hatte, sprang sein junger Dichterfreund, der in der zweiten Reihe Platz genommen hatte, sofort auf und eilte wie versprochen nach vorne zu Hermann Hesse. Aber er kam zu spät. Hesse war schon umringt von Zuhörern und wurde in ein Hinterzimmer ohne Fluchtmöglichkeiten gedrängt, wo er zahlreiche Autogrammwünsche zu erfüllen hatte.

Betreten sah Kunze, dass da nichts zu machen war, und er hoffte inständig, dass man den armen Hesse bald in Ruhe ließ. Doch die Menschen schienen un-

ersättlich. Was sie alles von dem Dichter wollten! Ein
junger Mensch, Schüler oder Student, brachte Hesse in
Verlegenheit mit dem Wunsch, ihm in den hingehaltenen *Peter Camenzind* doch außer seinem schlichten
Namen noch etwas Persönliches hineinzuschreiben.
Hesse stutzte und blickte den jungen Mann fragend
an. »Ja, was soll ich denn schreiben?« – »Ach, schreiben Sie doch bitte das Bibelzitat hinein, das hier auf
Seite 35, aber bitte auf Griechisch, wenn möglich.«
Kunze begann vor Peinlichkeit zu schwitzen. Hermann Hesse stutzte und überlegte. Er hatte seit mehr
als zwanzig Jahren keinen griechischen Buchstaben
mehr gemalt. Unsicher und langsam schrieb er mit
ungelenker Schrift etwas hinein, was möglicherweise
dem gewünschten Zitat nicht völlig unähnlich war.
Der Student schien zufrieden und trollte sich. Dann
war eine Gruppe halbwüchsiger Mädchen an der Reihe, die zwar keine Bücher signiert haben wollten,
dafür aber ihre Poesiealben mitgebracht hatten, welche sorgfältig mit bunten Glitzerbildchen beklebt
worden waren. Kunze stellte unfreundliche Überlegungen über seine Nürnberger Mitbürger an. Ein
Mann gab sich als Buchhändler zu erkennen, der auch
hin und wieder ein Büchlein selbst verlege, »als Lieb-
haber, Sie wissen schon«. Und er könne sich eventuell
vorstellen, vielleicht das nächste Werk Hermann Hesses herauszubringen. Hesse bedankte sich artig mit
den Worten, aufgrund anderer Verpflichtungen das

freundliche Angebot nicht annehmen zu können, und wandte sich nun einem jungen Mann zu, offensichtlich ein Wanderbursche, der sich von Hesse »irgendwas zum Lesen« wünschte. Hesse suchte hilflos in seiner Mappe, und Kunze war überzeugt, Hesse hätte diesem frechen Burschen tatsächlich etwas gegeben, wenn er etwas gefunden hätte. Der Kerl wich nicht von seiner Seite, sodass es der zunehmend ungehaltenere Kunze nicht mehr länger aushielt, auf den Wanderburschen zustürzte und ihn von Hesse abdrängte mit der zugezischten Bemerkung, er sollte sich doch morgen in der Bahnhofsbuchhandlung melden, da würde er schon »irgendetwas zu lesen« bekommen. Schließlich gelang es Kunze doch noch, Hesse aus dem Zimmer zu befreien. Schnell eilten die beiden die Treppe hinunter. Doch unten auf dem Absatz standen schon die Damen vom literarischen Verein, strahlten den Dichter an und nahmen ihn in ihre Mitte, um ihn zum Hotel zu begleiten. Wütend trottete Kunze hinter dem Pulk her. Am Hoteleingang wartete er, bis sich die Damen schließlich verabschiedet hatten. Erst dann ging er selbst hinein und holte Hesse auf seinem Zimmer ab.

Obwohl völlig angeschlagen, machte Hesse den Vorschlag, noch ein Lokal aufzusuchen. Dummerweise kannte sich Kunze, der streng abstinent lebte und jeden Alkohol mied, in der Nürnberger Gastronomie nicht recht aus. Er wusste aber, dass Hesse die

Anonymität voller Bierstuben durchaus schätzte, sodass sie einen nahe gelegenen Gasthof aufsuchten. Das Lokal war überfüllt, und es dauerte eine Weile, bis sie sich in einer hinteren Ecke einen frei gewordenen Tisch erkämpft hatten. Kaum hatten sie Platz genommen, begann neben ihnen eine Gruppe von Zitherspielern kräftig aufzuspielen. Musik in Kneipen war Hesse verhasst und so brachen sie auf und machten sich erneut auf die Suche. Sie stapften durch den Schneematsch, bis sie schließlich eine Weinstube fanden, wo sie sich noch eine Weile unterhielten. Das liebliche Nordheimer Vögelein tröstete Hesse, der einen guten Tropfen durchaus zu schätzen wusste, und er prostete seinem jungen Dichterfreund, der an einem Wasser nippte, bald fröhlicher zu. Kurz darauf jedoch wurde er wieder ernster und er begann von seiner Familie zu reden, von seiner zweiten Frau Ruth, mit der er seit einem Jahr verheiratet war. Seine erste Frau, die ihm drei Söhne geboren hatte, lebte wegen ihrer Schizophrenie in der Nervenheilanstalt, die Kinder hatten sie verstreut bei Bekannten und in Heimen untergebracht. Auch Hesses jetzige Ehe kriselte schon wieder. Für die Ehe war er einfach nicht geschaffen, das spürte er. Er war ein Einsiedler, ein Eremit, das Glück durfte er nicht in einer bürgerlichen Ehe suchen. Diese Erkenntnis hatte ihn einst in tiefe Depressionen gestürzt, von denen er sich nur durch eine Psychoanalyse bei C. G. Jung hatte befreien können. Und doch hatte er erneut die Ehe gewagt. Es war ein Fehler gewesen. Hesse trank aus, sie zahlten und verließen das Lokal. Kunze brachte ihn noch zum Hotel zurück, dann wünschte er ihm eine gute Nacht und einen erholsamen Schlaf nach diesem strapaziösen Tag. Das Hotelzimmer hatte Kunze selbst besorgt und darauf geachtet, dass es dem Dichter allen erdenklichen Komfort garantiere. Hesse war ihm dankbar dafür. Sie verabschiedeten sich und verabredeten sich für den morgigen Tag.

Als er seine Zimmertür öffnete, schlug ihm ein Schwall heißer Luft entgegen. »Eine Dampfheizung!«, stellte Hermann Hesse zu seinem Entsetzen fest und besah sich das Ding genauer. An dem riesigen Kasten waren an der Seite zwei schwarze Knöpfe übereinander angebracht. Er drehte beide so weit es ging nach rechts und ging zu Bett. Doch trotz seiner Erschöpfung und der Anstrengungen des Tages konnte er keinen Schlaf finden. Die Hitze ließ einfach nicht nach. Ärgerlich erhob er sich und drehte die Knöpfe in die andere Richtung. Es wurde kein Grad kühler, im Gegenteil, die Hitzeschwaden nahmen noch zu. Ungehalten drehte er nun den oberen Knopf wieder nach rechts, während er den unteren in seiner Position beließ. Auch das änderte nichts. Also versuchte er es umgekehrt, den oberen nach links und den unteren nach rechts. Die Heizung ließ sich nicht davon beeindrucken und blies weiter mit Volldampf heiße Luft ins Zimmer. Resigniert sank Hesse auf die Bettkante nieder und starrte auf das Heizungsmonster. Jetzt half nur noch eins. Er trat zum Fenster, legte den großen Hebel nach unten und riss die Fensterflügel auf. Mit der kalten Luft, die ihm entgegenwehte, drang nun jedoch auch der Straßenlärm ins Zimmer, sodass er das Fenster schnell wieder schloss. Seufzend griff er in seinen Reisekoffer und nahm aus einem Döschen zwei Tabletten Veronal, die er rasch mit einem Glas Wasser herunterschluckte. Bald darauf fiel er endlich in den ersehnten Schlaf. Doch bevor er die erhoffte traumlose Tiefe erreichen konnte, ließ ihn ein plötzliches Schrillen im Bett hochfahren. Das Zimmertelefon. Hesse tastete nach seiner Brille und sah auf die Uhr. Erst sieben! Wer um alles in der Welt rief ihn um diese Uhrzeit an? Hesse nahm ab. Ein Fabrikdirektor stellte sich vor und wollte mit ihm eine literarische Frage diskutieren. Nun war selbst Hesses Geduld erschöpft. Wütend warf er den Hörer auf die Gabel. »Menschen, warum quält ihr mich so? Gebt mir doch einen raschen Tod!«, stöhnte er und ließ sich aufs Sofa fallen. Dort fand ihn um zehn Uhr sein Dichterfreund Wilhelm Kunze. Völlig erschlagen erzählte ihm Hesse von den Widrigkeiten der vergangenen Nacht. Kunze schaute zerknirscht zu Boden, war er es doch gewesen, der dieses Hotel für Hesse ausgesucht hatte. Wegen des frühmorgendlichen Anrufs versicherte er Hermann

Hesse mehrmals, dass er niemandem den Aufenthaltsort des Dichters verraten habe. Nur die Damen vom literarischen Verein hätten Bescheid gewusst.

Trotz der misslichen Stimmung und der sich erneut meldenden Augenschmerzen ging Hesse mit seinem Freund noch einen Gang durch die Stadt. Schlimmer noch als gestern empfand Hesse den Straßenlärm. Nur flüchtig konnte er sich von Kunze die Wunderwerke der Bildhauer in der Lorenzkirche erklären lassen. Die Zeit drängte, war er doch von den literarischen Damen zum Mittagessen eingeladen. Nach dem Essen eilte Hesse auf dem schnellsten Weg zum Bahnhof, stieg in den Zug und dampfte davon. Nach Nürnberg kam er nie wieder.

Wolfgang Borchert vor Gericht

Ein junger Dichter und Schauspieler kommt nach Weimar. Was macht er dort? Will er auf den Spuren der großen Klassiker wandeln, Goethe und Schiller seine Reverenz erweisen oder lockt ihn das dortige Theater? Weder noch. In die Kaserne muss er, eine neue Rolle soll er lernen, Soldat. Es ist das Jahr 1940. Zwanzig Jahre ist er alt, ein Einzelgänger unter all den Rekruten. Der Krieg und das Soldatsein sind ihm zutiefst zuwider. Sein Ausbilder spürt das und lässt es ihn spüren. Der Ton in der Kaserne ist rau. Man schikaniert ihn, will ihn demütigen. Heute war es besonders arg. Erregt setzt er sich am Abend auf seine schmale Pritsche und schreibt einen Brief. Er schreibt nach Berlin, an eine hübsche junge Schauspielerin.

Stell dir vor, was der Kerl mit mir angestellt hat. Auf den Kasernenhof hat er mich befohlen, vor die versammelte Mannschaft hat er mich bestellt. Dann gab er mir diesen scheußlichen Befehl: »Ich bin ein deutscher Scheißsoldat«, musste ich schreien und dabei durch Schlamm und Dreck kriechen. Ich kann mich mit allem abfinden, nur mit dieser ohnmächtigen Gefangenschaft nicht! Die aufgezwungene Welt des Zwangs und der Uniform-Einform töten alles Schöne, alle Kunst in mir. Was bleibt mir dann noch? Was bleibt dann noch von mir? Verrückte Gedanken kommen mir. Was ist, wenn ich mir nun selber die

Hand zerschießen würde? Wäre ich dann frei? Würden sie mich dann laufen lassen? Oder würden sie mich erschießen?

Auch an die Eltern in Hamburg schreibt er. Die Eltern machen sich Sorgen und kommen ihn besuchen. »Habe Mut, halte durch, es wird schon alles besser kommen!« Sie können nur kurz bleiben, ihr Sohn muss zurück in die Kaserne. Unruhig reisen die Eltern wieder ab.

Ein neuer Brief nach Berlin:

Oft bin ich so weit, dass ich mein Leben wegwerfen möchte – aber ich sage mir dann: Wofür? Es lohnt sich ja nicht! Aber dies ist doch kein Leben! Oh, und dann ist mir so zumute wie Hyperion, als er ausrief: Ich war es endlich müde, mich wegzuwerfen, Trauben zu suchen in der Wüste und Blumen über dem Eisfeld!

Die Ausbildung dauert nur kurz, dann geht die Fahrt nach Osten, weit nach Osten. Eiswinter. Deutsche Soldaten vor Moskau, Hunderttausende sterben und werden durch neue ersetzt. Mit dabei: der Schütze Wolfgang Borchert. Schon nach wenigen Tagen ist er allein auf Postengang. Ein flüchtig ausgehobener Schützengraben dicht an der Front. Da fällt ein Schuss. Die Kugel bohrt sich durch das Fleisch, Knochen splittern. Die linke Hand des jungen Soldaten ist zerfetzt, der Mittelfinger nur noch ein blutiger Klumpen.

Ein Lazarett südlich von Nürnberg, das Stadtkrankenhaus Schwabach. Mit verbundener Hand liegt Wolfgang Borchert im Bett. Hohes Fieber schüttelt ihn, Wunddiphtherie. Er kommt auf die Isolierstation. Das Fieber steigt weiter. Schemenhaft, schattengleich sieht er zwei Personen an seinem Bett stehen. Im Fieberwahn erkennt er seine Eltern nicht. Als das Fieber wieder fällt, kommt die Angst. Was wird mit ihm geschehen? Man hat eine Untersuchung angekündigt, vor das Militärgericht soll er gestellt werden. Der Vorwurf: Selbstverstümmelung, um sich dem Militärdienst zu entziehen.

Die Mutter besucht ihn erneut, will mit ihm sprechen. Er weist sie schroff zurück, erklärt sich nicht, will die Mutter nicht sehen, nicht jetzt. Was will sie ihn fragen, was soll er darauf antworten? Jeden Augenblick können sie kommen und ihn in Untersuchungshaft nehmen! Die Mutter soll das nicht miterleben. Geh, Mutter, nun geh schon! Fahr nach Hause, fahr nach Hamburg! – Die Mutter verlässt verstört das Krankenhaus. Was ist mit ihrem Sohn geschehen?

Häftling in Nürnberg, Militärstrafanstalt. Langes Warten auf den Prozess, Einzelhaft, nur einmal am Tag Hofgang. Graue Gestalten mit blassen Gesichtern gehen schweigend ihre tägliche Runde. Der Gefängnishof: ein enges Quadrat mit steilen Mauern, oben ein Flecken Himmel. Sie gehen im Kreis, links herum. In der Mitte ein Stück Rasen, an seinem Rande eine kleine Blume, ein leuchtender gelber Stern auf dem matten Grün. Ein Löwenzahn. Der Häftling sieht sie bei jeder Runde, immer freundlicher erscheint sie ihm, immer heller scheint ihr Gelb zu leuchten. Der Häftling verliebt sich, verliebt sich in die kleine Blume, sehnt ihren Anblick herbei. Er gibt ihr einen Namen: Alina, kleine Alina, nennt er sie. Wie gerne hätte er sie gepflückt und mit in seine Zelle genommen! Aber die Aufseher wachen unerbittlich. Die halbe Stunde ist vorbei und die Gefangenen müssen in ihre Zellen zurück.

Nach drei Monaten Einzelhaft beginnt der Prozess. Der Angeklagte schildert seine Version der Dinge. Er sei auf Postengang im Schützengraben gewesen. Plötzlich sei ein Schatten vor ihm aufgetaucht, ein russischer Soldat! Es kommt zum Kampf, er greift zum Gewehr, der Russe hält dagegen. Verbissen kämpfen die beiden miteinander. Sein Gewehr hält er fest umklammert. Ihn trifft ein Schlag, eine Kugel löst sich aus seinem Gewehr, durchschlägt die eigene Hand, der Russe flüchtet. – Der Kriegsgerichtsrat macht sich Notizen. Soll er das glauben? Augenzeugen gibt es nicht. Die Eltern hatten sich bei ihm gemeldet, schildern ihren Sohn als anständigen deutschen Jungen. Zeugenaussagen fehlen, aber Briefe werden gefunden. Der Kriegsgerichtsrat setzt seine Brille auf und zitiert daraus: Haben Sie geschrieben, ihre Kameraden würden für nichts und wieder nichts fallen? Haben Sie geschrieben, unsere Kasernen seien Zwingburgen des Dritten Reiches? Haben Sie geschrieben, Sie seien ein wehrloser Kuli der Soldateska? – Wolfgang Borchert senkt den Kopf. Der Richter steht auf zur Urteilsverkündigung. Der Ausgang des Prozesses scheint klar. Wie soll das Urteil anders lauten? Tausende sind schon aus dem gleichen Grund hingerichtet worden. Wolfgang Borchert ist auf das Todesurteil gefasst, es wird ihn nicht unvorbereitet treffen. Doch dann die Überraschung: Der Kriegsgerichtsrat hält den Vorwurf der Selbstverstümmelung für nicht bewiesen. Das Urteil lautet Freispruch.

Ungläubige Erleichterung bei Wolfgang Borchert. Doch seine Briefe bleiben nicht ohne Folgen. Er wird zu vier Monaten Gefängnis verurteilt. Die Begründung: Angriff auf Staat und Partei. Auf seinen Wunsch hin wird die Strafe in sechs Wochen verschärfte Haft mit anschließender Frontbewährung umgewandelt. Wieder muss er in den Krieg. Doch die Krankheit ist noch nicht besiegt, er bekommt Fieberschübe. In der letzten Kriegsphase gerät Wolfgang Borchert in Gefangenschaft. Trotz seines schlechten Zustandes gelingt ihm die Flucht. Sechshundert Kilometer wandert er, bis er in seine Heimatstadt gelangt. Hamburg liegt in Trümmern. Auch Wolfgang Borcherts Zustand ist elend, er wird im Krankenhaus behandelt. Ob die Ärzte ihm helfen können?

Winter 1946, Hamburg, Karl-Cohn-Straße 80. Der Dichter sitzt im Balkonzimmer des hübschen baumumstandenen Hauses. Es geht ihm etwas besser, aber die Ärzte haben die Krankheit nicht besiegen können. Wolfgang Borchert schreibt. Er schreibt an einem Theaterstück. Acht Tage lang schreibt er, schreibt fast ohne Unterbrechung, gönnt sich keine Pause. Dann ist das Stück fertig. *Draußen vor der Tür* nennt er es. Schon wenige Wochen später wird es als Hörspiel gesendet. Tausende sitzen vor den Rundfunkgeräten, viele Kriegsheimkehrer sind darunter, ehemalige Kameraden. Sie lauschen gespannt der Geschichte des in die Heimat zurückgekehrten Soldaten Beckmann. Die Geschichte Beckmanns ist auch ihre Geschichte. Es ist die Geschichte des unbewältigten Grauens, die Geschichte der unschuldigen Verstrickung in Schuld und Unrecht. Man hat ihnen ihre Jugend gestohlen, ihre Jugend und ihre Unschuld. Schuldig fühlt sich auch Beckmann, schuldig an der schweren Verletzung eines Kameraden, für den er die Verantwortung getragen hat. Zurück in der Heimat lassen ihn die Bilder nicht mehr los, peinigen und verfolgen ihn bis in seine Träume. Er versucht sich mitzuteilen, sucht einen Menschen, der ihn versteht. Doch niemand hört ihm zu, niemand möchte das hören. Allein gelassen mit seiner Qual stößt er die letzten Worte hervor:

»Gibt denn keiner Antwort?
Gibt keiner Antwort???
Gibt denn keiner, keiner Antwort???«

Regungslos verharren die Menschen vor den Radiogeräten. Betroffen halten die Soldaten den Atem an, lauschen bis zuletzt. Borchert gibt ihrer Verzweiflung einen Namen, gibt ihr eine Stimme. Viele lang zurückgehaltene Tränen werden heute das erste Mal geweint. Einer setzt sich hin und schreibt einen Brief: »Endlich! Endlich hat jemand die Worte gefunden! Die Worte für all das Unaussprechliche, was uns begegnet ist. Worte für das, was der Krieg aus uns gemacht hat, für das, was niemand verstehen kann, der nicht mit dabei gewesen ist!«

Draußen vor der Tür wurde am 21. November 1947 an den Hamburger Kammerspielen uraufgeführt. Wolfgang Borchert erlebte die Aufführung nicht mehr mit. Er starb am Tag zuvor mit nur sechsundzwanzig Jahren.

Hugo Distler, Eduard Mörike und der Feuerreiter

Wer die Musik sich erkieset, hat ein himmlisch Gut
bekommen.
Denn ihr erster Ursprung ist von dem Himmel selbst
genommen.

Nürnberg 1908. Aufgeregt verlässt der Metzgermeister Distler sein Schlachthaus und wäscht sich die blutigen Hände. Er kann die Nachricht, die ihm seine Frau soeben ganz aufgelöst überbracht hat, noch nicht so recht fassen. Das muss ein Irrtum sein! Er zieht den Kittel hastig aus und hängt ihn an den Haken, dann geht er hinüber ins Wohnhaus. Seine Frau soll ihm sagen, dass er sie falsch verstanden hat! Doch wie er sie da weinend in der Küche sitzen sieht, wird ihm klar, dass die Nachricht stimmen muss. Mitten in der Küche bleibt er stehen. Mein Gott! Helene ist schwanger! Seine Tochter erwartet ein Kind! Er lässt sich auf einen Stuhl fallen. Wie konnte ihr das passieren? Sie ist doch ledig, hat noch nicht einmal einen Verlobten. Wie konnte ihr das nur passieren? Schon im Juni wird das Kind kommen. Und wer ist der Vater? Wird sie ihn heiraten?

Helene Distler heiratet nicht. Am Johannistag bringt sie ihr Kind zur Welt, einen Sohn. Sie gibt ihm den Namen Hugo. Er ist ein zartes Kind. Die Großeltern betrachten es nicht ohne Sorge. Aber schnell wächst ihnen der Junge ans Herz. Ihre Tochter Helene ist Modeschneiderin, sie will bald wieder arbeiten, bittet ihre Eltern, ihr zu helfen, den kleinen Hugo großzuziehen. Die Großeltern stimmen zu. So kommt es, dass Hugo die Oma nun häufiger sieht als die Mutter. Gerne hört er zu, wenn die Großmutter ihm Kinderlieder vorsingt:

»A Hefla, a Schüssla
Is all mei Küchagscherr.
Des lood ich af a Wächala
Und fohr mit nunder nooch Fädd!«

1912. Hugo wird vier Jahre alt. Die Mutter hat einen neuen Mann kennen gelernt. Eng umschlungen sieht der kleine Hugo sie oft stehen. Sie heiraten. Wie schön seine Mutter ist! Die Mutter will mit ihrem Mann nach Amerika ziehen. Ohne Hugo. – Wo ist denn das, Amerika, Oma? – Weit weg, kleiner Hugo! – Hugo muss weinen, die Oma tröstet ihn. Als die Mutter sich verabschiedet, kann auch sie ihre Tränen nicht verbergen. Ihr Mann drängt, die Mutter reißt sich los, sie fahren davon. Die Mutter winkt, Hugo mag nicht zurückwinken. Gut, dass die Oma noch da ist.

Hugo wächst bei den Großeltern auf. Gerne spielt er auch mit seiner lustigen Tante Anna. Eines Tages zeigt ihm die Oma einen Brief. Eine merkwürdige Marke klebt darauf. Der Brief kommt aus Amerika. Ein Foto liegt dabei. Die Mutter ist darauf zu sehen, sie hält ein Baby im Arm. Die Oma erklärt: Das ist dein Bruder! Anton heißt er. – Hugo schaut das Bild kurz an. Warum darf Anton bei der Mutter sein und er nicht?

Hugo geht zur Schule, lernt Lesen und Schreiben. Vor allem das Lesen gefällt ihm. Er liest alles, was ihm in die Hände fällt. Als er auf das Gymnasium wechselt, gibt er Nachhilfestunden. Mit dem so verdienten Geld geht er hinunter zur Buchhandlung am Hauptmarkt. Lange betrachtet er die Schätze. Er zögert. Welche der Herrlichkeiten soll er nehmen? Schließlich kauft er einen Band von Eduard Mörike. *Maler Nolten* heißt das Buch.

1919. Die Mutter kehrt zurück nach Nürnberg. Sie trägt Schwarz. Ihr Mann ist gestorben. Hugo begrüßt sie scheu. Sieben Jahre ist es her, dass sie ihn verlassen hat. Der kleine Junge, der sich an ihre Seite drängt, ist sein Bruder. Hugo reicht ihm schüchtern die Hand, als er dazu aufgefordert wird. Die Bindung zur Mutter bleibt lose, zu lange waren sie getrennt. Oft zieht sich Hugo zurück, er liest viel. Und eine neue Liebe wächst in ihm, die Liebe zur Musik. Hugo geht zur Klavierstunde. Der Leiter der Schule, Carl Dupont, erkennt sein Talent und unterrichtet ihn bald selber. Hugo übt sehr fleißig. Man muss ihn nicht dazu anhalten. Schnell hat er die älteren Schüler eingeholt. Wenn er seine Übungsstücke gespielt hat, bleibt er oft noch am Klavier sitzen. Seine Finger wandern suchend über die Tasten. Neue, eigene Melodien entstehen. Wie schön das klingt! Auch seinem Lehrer gefällt, was er da spielt. – Spiel ruhig weiter, Hugo! Nur Mut! – Nachdenklich bleibt der Musiklehrer nach der Stunde am Klavier sitzen. Schon viele Schüler hat er unterrichtet, aber wie Hugo war keiner. Er hat eine Idee und besucht Hugos Großeltern. – Kompositionsunterricht? – Aber ja, er hat ein außerordentliches Talent, ihr Hugo! – Und was kostet das? – Darüber werden wir uns schon einig! – Carl Dupont stellt Hugo Erich Rhode vor. Erich Rhode gibt ihm Unterricht im Komponieren und in der Musiktheorie. Auch dieser Unterricht gefällt Hugo. Wie klar, wie schön sind die musikalischen Formen! Vor allem die Romantiker gefallen ihm, einer ganz besonders: Richard Wagner.

Sein Berufsziel wird immer klarer. Er will Musiker werden! Zum Glück gibt es hier in Nürnberg das Städtische Konservatorium. Aber ob sein Können reicht? Seine Musiklehrer ermutigen ihn. So bewirbt er sich, wird zu einem Vorstellungstermin eingeladen. Ein Flügel steht bereit, er setzt sich daran und spielt vor. Doch die Enttäuschung ist groß. Man lehnt ihn ab, sagt, ihm fehle die Begabung. Hugo ist niedergeschmettert. Seine Selbstzweifel waren also doch richtig! Ihm fehlt das Talent! Eine tiefe Hoffnungslosigkeit ergreift ihn. Seine Lehrer brauchen lange, bis er wieder das notwendige Zutrauen zu sich findet. Er übt nun, wie er noch nie zuvor geübt hat. Er will einen neuen Versuch wagen. Aufgeregt stellt er sich der Prüfung ein zweites Mal. Und wieder wird er abgelehnt! Auch ein dritter Versuch scheitert. Mangelnde Begabung, lautet der vernichtende Urteilsspruch.

Wie ist das Leben so grausam und ungerecht! Hat denn so ein Leben überhaupt einen Sinn? Wäre es nicht besser, überhaupt nicht auf der Welt zu sein? Die Träume sind geplatzt. Aus ist es mit der Musik. Was soll er denn nun werden? Nach ein paar Tagen tiefer Niedergeschlagenheit keimt eine zarte Hoffnung. Vielleicht Architekt? Ja, Architektur und Komposition haben doch manches gemeinsam. Bei beidem kommt es darauf an, für kreative Ideen passende Formen zu finden, zu gliedern und zu strukturieren. 1927 macht er Abitur. Einen letzten Versuch will er noch mit der Musik machen. Er bewirbt sich am Leipziger Konservatorium, eine der ersten Adressen für Musik in Deutschland. Und was er nicht zu hoffen gewagt hat: Er besteht die Aufnahmeprüfung. Mit Auszeichnung!

Herbst 1927. Ein Zug dampft in die große Halle des Leipziger Hauptbahnhofes. Der junge, schmale Student mit der schwarz geränderten Brille wuchtet seinen Koffer auf den Bahnsteig und schaut sich suchend um. Da ist sie ja! Tante Anna, die Schwester seiner Mutter, drückt ihn an sich. Sie wohnt hier in Leipzig und nimmt ihn herzlich bei sich auf. Auch sonst hat er mit seiner Verwandtschaft Glück. Der zweite Mann seiner Großmutter, Johann Herz, finanziert sein Studium. Der junge Student staunt über das reiche Musikleben hier. Thomanerchor, Gewandhausorchester, das berühmte Opernhaus. Leipzig ist wirklich eine musikalische Stadt.

Auf dem Konservatorium nimmt er anfänglich ein Kapellmeisterstudium auf und wählt als zweites Fach Klavier. Doch schnell wird auch hier seine kompositorische Begabung erkannt. Seine Lehrer sprechen mit dem sensiblen und scheuen Studenten. Hugo Distler folgt ihrem Rat und studiert nun Komposition und Orgel, lässt sich jedoch auch vom Dirigieren nicht abhalten. Besonders sein Lehrer Hermann Grabner, ein Schüler von Max Reger, nimmt sich seiner an. Grabner unterrichtet Tonsatz, fördert den oft so unsicheren jungen Mann und will sein Selbstvertrauen stärken. Er wird Hugo Distler zum väterlichen Freund, dessen Rat er auch später noch oft suchen wird. Auch mit seinem Orgellehrer hat er Glück. Günther Ramin ist Organist an der Thomanerkirche und zugleich Gewandhausorganist. Aber Hugo Distler bekommt auch andere Musik zu hören: Hindemith und Honegger, auch Kurt Weill. Das Neue fasziniert ihn. Er fängt an intensiv zu komponieren.

1930 ist es so weit – seine ersten eigenen Kompositionen erscheinen im Druck. Eine konzertante Sonate für zwei Klaviere und die doppelchörige Motette *Herzlich lieb hab ich dich, o Herr*. Im August kommt eine schlimme Nachricht aus Nürnberg: Sein Stiefgroßvater ist gestorben. Wie soll er nun sein Studium finanzieren? Zwar verdient er etwas als Chorleiter eines Sportvereins, aber das ist doch nicht mehr als ein Taschengeld. Nein, das Studium kann er nicht fortsetzen, er muss nun allein für sich sorgen. Seine Lehrer sind betrübt. So ein talentierter Schüler! Aber sie helfen ihm weiter, indem sie ihm hervorragende Zeugnisse ausstellen und ihn auf eine vakante Organistenstelle aufmerksam machen.

Sankt Jakobi in Lübeck, 1930. Der Kirchenraum ist gut gefüllt. Zwei junge Männer haben sich für das Organistenamt beworben. Auf der Westempore befindet sich das Hauptinstrument. Unscheinbarer, aber noch kostbarer ist die kleine Orgel an der Nordseite. Sie stammt aus dem 15. Jahrhundert. Die beiden jungen Männer spielen vor. Danach tritt der Kirchenvorstand der Gemeinde zu einer geheimen Abstimmung zusammen. Das Ergebnis lautet unentschieden, Stimmengleichheit. Was nun? Das Los soll entscheiden. Und Hugo Distler hat Glück. Das Los fällt auf ihn. Er bekommt die Stelle. Mit Andacht und großer Freude setzt er sich an die alte Orgel und spielt eine Fuge von Bach.

Die Lübecker Jahre prägen den jungen Musiker. Er wendet sich der Kirchenmusik zu. Die reiche Klangwelt der Orgel fasziniert ihn. Mit leidenschaftlichem Temperament interpretiert er vor allem das Werk Johann Sebastian Bachs. Die Gläubigen von Sankt Jakobi sind begeistert. Aber auch über die Grenzen seiner Kirchengemeinde hinaus wird der junge Organist schnell bekannt. Er gibt zahlreiche Konzerte, spielt dabei entweder nur Bach oder nur eigene Werke. So kann der Zuhörer sich besser in die jeweilige Klangwelt hineinfinden. Ein Kritiker schreibt: »Wie Distler die inneren Kräfte bindet, wie er die polyphone Logik, die Bewegungsenergie, die rhythmische Spannung und den Phrasierungsatem erfasst: Das ist eine ebenso einzigartige wie bezwingende Kunst.«

Chorprobe. Die Sänger und Sängerinnen des Lübecker Singkreises sind vollständig versammelt. Ihr Leiter hatte ihnen beim letzten Treffen geheimnisvoll das neue Werk eines Freundes angekündigt. Nun verteilt er die Noten. *Deutsche Choralmesse*, steht darüber, *für sechsstimmigen Chor*. Darunter der Name des Komponisten: Hugo Distler. – Hugo Distler? Der junge Organist von Sankt Jakobi? Das ist eine Überraschung. Ihr Chorleiter teilt sie nun in sechs Gruppen. Ein anspruchsvolles Werk, etwas Neues, Ungewohntes. Es dauert seine Zeit, bis sie sich darauf einstellen können. Aber dann geschieht etwas

Wunderbares: Alle werden sie von der eigentümlichen Stimmung dieser Messe ergriffen, die sechs Stimmen fügen sich zu einer zauberhaften Einheit.

Hugo Distler arbeitet nun wie ein Besessener. Er übernimmt die Leitung des Kammerorchesters, den Chor des Handlungsgehilfenverbandes, erteilt zusätzlich Orgelunterricht, fährt alle zwei Wochen nach Berlin, wo er an der Kirchenmusikschule Spandau Harmonielehre und Komposition unterrichtet. Auch die Kirchenmusikabteilung des gerade gegründeten Lübecker Staatskonservatoriums übernimmt er. Das alles neben der nun hauptamtlichen Organistentätigkeit in Sankt Jakobi. In seiner knapp bemessenen freien Zeit sitzt er über den Notenblättern und arbeitet an seinen Kompositionen. Die Arbeitsüberlastung bleibt nicht ohne Folgen. Im Januar 1934 erleidet er einen Nervenzusammenbruch.

Seine Frau ist in dieser Zeit seine Stütze. Seit einem Jahr sind sie verheiratet. Sie heißt Waltraut und ist ein warmherziges, fröhliches Mädchen mit dunklen, langen Haaren. Bald geht es ihm schon wieder besser. An einem der ersten Dezembertage des Jahres 1934 eilt der junge Organist aufgeregt zur Hebamme. Bei Waltraut haben die Wehen eingesetzt. Die Hebamme beruhigt ihn. So schnell geht das nicht beim ersten Kind. In aller Seelenruhe packt sie ihre Tasche, während der werdende Vater nervös auf der Stelle tritt. Endlich brechen sie auf. Alles geht gut. Waltraut bringt ein gesundes Mädchen zur Welt. Welchen Namen sollen sie ihr geben? Es ist doch Anfang Dezember, wie wär's mit Barbara? – Ja, Barbara soll sie heißen.

Doch ein schwarzer Schatten verdunkelt mehr und mehr das Leben von Hugo Distler. Seit die Nazis 1933 die Macht übernommen haben, ist nichts mehr wie früher. Die neue Politik greift in alle Lebensbereiche ein, kein Gebiet gibt es, keine Nische, die sie nicht vereinnahmen wollen. Das gilt auch für die Kunst und die Musik. Gleichschaltung nennen sie das. Die Nationalsozialisten erheben unerhörte Vorwürfe. Die junge Kirchenmusik, für die sich Hugo Distler so einsetzt, stehe in den Diensten der Reaktion! Es wird eine Liste mit allen Musikstücken erstellt, die nicht dem Ton der Zeit entsprechen. Entartete Musik sei das. Distler erstarrt, als er auf der Liste seinen Namen wiederfindet. Sein zweites Cembalo-Konzert wird als kulturbolschewistisches Machwerk gebrandmarkt! Wie kann Musik bolschewistisch sein? Eine andere Liste wird ihm zugestellt. Darauf stehen die Namen von Komponisten, die nicht mehr von arischen Musikern gespielt werden dürfen. Alle aufgeführten Komponisten sind Juden. Selbst Mendelssohn-Bartholdy wird verboten, einfach verboten! Hugo Distler versteht die Welt nicht mehr.

1937. Eine neue Aufgabe, vielleicht eine willkommene Ablenkung. Die Fahrt geht nach Süden. In

Stuttgart bekommt er eine Professur an der Musik-
hochschule. Auch dieser neuen Herausforderung
begegnet er mit Begeisterung und Schwung. Die Familie bezieht ein hübsches Haus draußen vor den
Toren der großen Stadt im grünen Vaihingen. Auch
einen lang gehegten Traum erfüllt er sich und schafft
sich eine kleine Heimorgel an. Die Familie wächst,
zwei weitere Kinder werden geboren. Hugo Distler
macht den Führerschein und kauft sich ein Auto.
Doch die Idylle trügt. Der Kampf des neuen Regimes
geht weiter. Hugo Distler leidet, seine Freiheiten
werden immer mehr beschnitten. Die Kollegen unterstützen ihn, trösten: Bald wird der Spuk vorbei
sein, wart's nur ab! – Aber der Spuk hört nicht auf,
sondern wird immer unheimlicher. Stramme rechte
Studenten rebellieren gegen ihre Lehrer. Musik muss
heute anders klingen, forscher, nordischer, deutscher! Wem kann man noch trauen? Die Spitzel sind
überall und melden eifrig, was sie sehen und hören.

Daheim in Vaihingen nimmt Distler müde einen
Gedichtband zur Hand. Der Autor kommt hier aus
Schwaben, von Eduard Mörike stammen die Verse.
Hugo Distler liest, die Müdigkeit verschwindet und
während er liest, steigen in ihm Melodien auf. Das
sind Gedichte! Ach was, Gedichte, Lieder sind das!
Eine ganze Sammlung voll, Volkslieder vor allem.
Aber nicht nur romantische Naturidyllen findet er.
Allein dieses Gedicht hier. Wie trifft Mörike darin die

heutige Situation Deutschlands, das Dämonische, Zerstörende. – Moment, das Gedicht kennt er doch, steht das nicht im *Maler Nolten*? Doch, natürlich. Das muss er in Noten übersetzen, was für ein Text! Er fängt hastig an, die Noten niederzuschreiben.

Graz im Juni 1938, Fest der deutschen Chormusik. Nun ist der Stuttgarter Hochschulchor an der Reihe. Uraufführung der Mörikelieder. Der Komponist dirigiert selber. Mit kurzem Frack tritt er auf die Bühne. Im Publikum sitzt Altmeister Greiner, als überzeugter Romantiker bekannt. Er blickt skeptisch. Hatte nicht schon Hugo Wolf die Mörikelieder vertont? Er schaut auf den Programmzettel. Der *Feuerreiter* ist angekündigt. Wird Hugo Distler die Spannung dieses Gedichtes in die Musik übertragen können? Hugo Distlers Blick verrät höchste Konzentration, dann gibt er den Einsatz. Mit knappen, präzisen Handbewegungen dirigiert er den Chor. Atemlos hört das Publikum zu, wie Hugo Distler diese musikalische Aufgabe löst. Er hat die Frauenstimmen geteilt und lässt sie sich gegenseitig gellend, alarmierend, echogleich zurufen: »Hinterm Berg! Hinterm Berg!« – Was ist da, hinterm Berg? – Erst jetzt fallen die Männerstimmen ein, führen den Text weiter und erklären so die Aufregung des Frauengesangs. Ergriffen lauscht auch Greiner der Musik und flüstert schließlich seinem Nachbarn zu: »Kinder, das ist das Neue, auf das wir das ganze Fest gewartet haben!«

Das Konzert wird ein großer Erfolg, Hugo Distler ist auf dem Höhepunkt seines Schaffens.

Nürnberg, 23. Mai 1940, Lorenzkirche. Ein Orgelkonzert ist angekündigt. Viele Nürnberger sind gekommen, einige wenige kennen den Namen des Organisten noch, der heute in seiner Heimatstadt spielen wird: Hugo Distler. Hoch oben über dem großen gotischen Kirchenschiff hat er auf der Orgelempore Platz genommen und überprüft die Register an dem schönen Instrument. Er hat sich gut mit ihm vertraut gemacht. Drei Tage und drei Nächte hat er darauf geübt. Eine großartige Orgel! Erst vor drei Jahren ist sie von der Firma Steinmeyer aus Oettingen fertig gestellt worden. Dabei wurden mittels der neuen elektrischen Möglichkeiten alle drei Orgeln der Kirche – die große hier auf der Westempore, die Laurentiusorgel im Hauptschiff sowie die Chororgel – zusammengeschaltet und können nun vom Hauptspieltisch gemeinsam angespielt werden. Eine seltene Klangfülle ist die Folge. Das ist heute ein besonderes Konzert für Hugo Distler! Wie oft hat er als Kind davon geträumt, einmal in Sankt Lorenz spielen zu dürfen. Er schaut hinunter. Die Bänke sind bereits gut gefüllt. Vorne sitzt Walther Körner, der Organist von Sankt Lorenz. Er hat ihn zu diesem Konzert eingeladen. Hugo Distler schließt noch einmal kurz die Augen, dann beginnt er zu spielen. *Jesus Christus, unser Heiland*, eine eigene Komposition erklingt. Gespannt hören die Nürnberger zu. Selten haben sie ihre Orgel so klingen gehört wie heute. Dann spielt Hugo Distler *Nun kommt der Heiden Heiland*, danach einige Stücke von Bach, die *Dorische Toccata und Fuge* und die *G-Dur-Sonate*. Zum Schluss ertönen hell und mächtig *Präludium* und *Fuge in Es-Dur*. Als der letzte Orgelton in dem großen Kirchenraum verhallt, bleiben alle sitzen. Keiner steht auf. Ein geheimes Band hält sie auf den Bänken. Noch lange danach sprechen die Zuhörer von diesem Konzert. Es war ein wichtiges Konzert für Hugo Distler. Er hat sich in seiner Heimatstadt rehabilitiert.

Sommer 1940. Der Krieg regiert in Europa. Ein Schreiben erreicht Hugo Distler: der Musterungsbefehl. – Ja, will man ihn denn einziehen? Er kann doch nicht kämpfen, er ist doch Musiker! Man legt ihm nahe, sich in Polen bei der SS zu melden. Die überwunden geglaubte Lebensangst bricht wieder auf. Was kann ihn vor dem Krieg noch retten? Es gibt nur eine Möglichkeit: Er muss sich hier in Deutschland unentbehrlich machen. Da kommt das Angebot aus Berlin gerade zur rechten Stunde, der Ruf an die renommierte Staatliche Akademische Hochschule für Musik in Charlottenburg. So scheidet er schweren Herzens von Stuttgart und zieht mit seiner Familie nach Berlin. Die Hochschulkantorei bringt er schon bald auf ein hohes Niveau. Mit dem noch größeren Hochschulchor studiert er die *Johannes-Passion* ein. Die Studenten merken erstaunt, wie sehr ihr Dirigent von der Musik ergriffen wird. Als der Chor auf das Pilatuswort: »Sehet, welch ein Mensch!« das »Kreuzige, kreuzige, kreuzige!« anstimmt, schießen ihm heiße Tränen in die Augen. So etwas haben die Sänger noch nicht erlebt. Es scheint, als ob ihr Dirigent das Leben und Sterben des Heilands selbst habe erdulden müssen, so vollkommen überwältigt ist er am Ende der Aufführung.

Der Krieg tobt immer fürchterlicher. Fliegeralarm auch in Berlin. Oft ist Hugo Distler getrennt von seiner Frau und seinen Kindern, die draußen vor der Stadt in Strausberg wohnen, während er nun oft in der kleinen Dienstwohnung bleiben muss. Aus seiner Heimatstadt kommt eine Todesnachricht: Sein Bruder Anton ist gefallen. Hugo Distlers Ängste steigern sich und nehmen ihm die Luft zum Atmen. Das Gefühl der Hoffnungslosigkeit und Einsamkeit wächst. Immer unverhohlener attackieren ihn die Nazis, engen ihn ein, wollen ihn kleinkriegen. Es ist, als würde alles um ihn herum zerbrechen. Zitternd sitzt er in seiner kleinen Dienstwohnung. So kann das nicht weitergehen, so kann das einfach nicht weitergehen! Er erträgt es nicht länger. Aber seine Frau, die Kinder – ach, denen ist er doch auch nur eine Last. Und Hugo Distler fasst einen Entschluss.

Zum Reformationsfest lädt er Tante Anna und die anderen Leipziger Verwandten nach Berlin ein. Er empfängt sie daheim in Strausberg. Es ist der Abend vor dem Reformationsfest. Er bittet sie, im Kreise seiner Familie im Wohnzimmer Platz zu nehmen. Dann setzt er sich an sein Lieblingsinstrument, die kleine Hausorgel, und spielt in der Bach'schen Choralbearbeitung *Allein Gott in der Höh sei Ehr*.

Am nächsten Tag feiern sie das Reformationsfest mit einem großen Gottesdienst im Berliner Dom. Hugo Distler dirigiert dazu den Staats- und Domchor. Noch vor dem Ende des Gottesdienstes verlässt er die Kirche und läuft hinüber zu seiner kleinen Wohnung. Dann greift er nach einem Stück Papier und schreibt unter Tränen einen Brief:

Meine liebste, beste Waltraut,

ich habe nur noch eine Bitte in der Welt: Dass Du mir nicht zürnst; wer weiß wie Du, welche Lebensangst in mir gesessen hat, seit ich lebe; alles, was ich schaffte, stand unter diesem Zeichen, noch zuletzt mein geplantes Oratorium.

Lass die Kinder gut von mir denken: Es kommt die Zeit, und sie ist nicht mehr fern, wo auch die meinen letzten Schritt verstehen, die es heute nicht tun. Meine lieben, lieben Kinder. Ach, wenn Du wüsstest, was an Schmerzen in mir umgeht.

Betet für mich. Ich sterbe als ein armer sündiger Mensch und hoffe auf die Barmherzigkeit Gottes ...

*Ich will im kleinen Kreis zur Ruhe gebracht sein;
meiner Mutter, ebenso deinen Verwandten erst
nachträglich Mitteilung geben.*

*Ich vermache Dir alles, was ich habe und an
Einkünften besitze.*

Dein Hugo

Dann dreht er den Gashahn auf. Als man ihn findet,
hält er ein kleines Kreuz in der Hand, in der anderen
ein Foto von Waltraut und den Kindern.

*Wenn einst in der letzten Zeit alle Ding wie Rauch
vergehen,
bleibt in der Ewigkeit doch die Musik bestehen.*

Erich Kästners ungeschriebener Roman

Ein Mann Mitte vierzig sitzt im Dachzimmer an seinem Schreibtisch, von unten dringt das dumpfe Muhen der Kühe herauf. Es ist das Frühjahr 1945. Der Mann arbeitet, wirft flüchtige Sätze auf das Papier. Es sind Erinnerungsstützen, Roharbeiten für ein noch auszuarbeitendes Werk. Es wird sein schwierigstes Buch werden, das weiß er, vielleicht sein persönlichstes, sein schmerzlichstes ganz gewiss.

Der Schnee in den Tälern ist schon geschmolzen. Nur an den Nordhängen glitzert es noch weiß. Touristen gibt es jetzt im März nur wenige, dennoch sind alle Gästezimmer in Mayrhofen, einem kleinen Dorf im Zillertal, belegt. Ein Filmteam hat sich hier einquartiert, Schauspieler, Kameraleute, Maskenbildner, der Regisseur natürlich und wer sonst noch alles dazugehört. Sie kommen nicht aus dieser Gegend, das verrät schon ihre Sprache. Aus Berlin sind sie angereist, aus der Hauptstadt des Reiches, das jetzt in Trümmern liegt. Sonst drehen sie in den berühmten Babelsberger Filmstudios. Auch in dem stattlichen alpenländischen Haus der Steiners wohnen zwei von ihnen, ein Herr und eine Dame. Zwei Zimmer unter dem Dach haben sie bezogen, in dem einen schlafen sie, das andere ist das Arbeitszimmer. Für die Steiners ist der Tourismus nur ein Nebengeschäft. Herr Steiner ist

Milchbauer, seine Frau die Hebamme des Dorfes. In ihrer Stube hängen zwei Fotografien, sie zeigen zwei frische Jungengesichter. Das eine Bild ist schwarz umrahmt, der älteste Sohn ist gefallen. Viktoria, die Tochter, hilft der Mutter im Haus. Die beiden Gäste aus Berlin sind freundlich, gerne nehmen sie sich Zeit für ein Gespräch. Die Dreharbeiten scheinen nicht so dringend zu sein. – Was wollen Sie denn bei uns filmen? – Einen Heimatfilm. – Und wie soll er heißen? – Das verlorene Gesicht. – Seltsamer Titel. Und Sie spielen die Hauptrolle? – Nein, lacht der Mann, ich bin nur für das Drehbuch zuständig. – Schwarze Haare hat er und buschige dunkle Augenbrauen, aber seine Augen blinken, wenn er lacht, und er lacht gerne. Sein sächsischer Dialekt ist nicht zu überhören. Erich Kästner heißt er. Die Dame ist seine Verlobte, auch sie macht bei dem Film mit.

Heute ist die ganze Dorfjugend auf den Platz vor der Kirche gekommen. Die Berliner fangen an zu drehen! Diese Nachricht hat sich in Windeseile herumgesprochen. Der Kameramann hat sein großes, schweres Gerät auf ein Stativ montiert und hält nun einen Belichtungsmesser vor das Gesicht einer stark geschminkten Dame. Die Maskenbildnerin hat einen großen Koffer offen vor sich stehen, in dem sich unzählige Schminktöpfchen, Farbstifte und Puderdosen befinden. Gespannt stehen einige Dorfmädchen hinter ihr und beobachten, wie sie mit einem

Schwämmchen die Wangen eines dicklichen Herrn pudert. Der Regisseur bespricht sich mit seinem Drehbuchautor. Beide halten die Hände schützend vor die Stirn und blinzeln in die Sonne. Der frisch gepuderte Herr erhebt sich und tritt zu den beiden. Der Regisseur gibt ihm ein paar Anweisungen und setzt sich dann auf sein Klappstühlchen, der Drehbuchautor stellt sich an seine Seite. Ein junger Mann hat mit Kreide etwas auf eine schwarze Tafel gemalt und hält sie auf einen Wink des Regisseurs vor die Kamera. Dann schlägt er die Klappen kräftig zusammen und die Kamera beginnt zu surren. Mit gestelzten Schritten nähert sich der gepuderte Mann der Dame, die die Gegend zu bewundern scheint. Er zieht mit weitem Schwung seinen Hut und spricht sie an. Die Dame schaut verwundert, da macht der gepuderte Herr einen galanten Knicks und beide Schauspieler fangen plötzlich an zu lachen und halten sich prustend die Hände vors Gesicht. Auch der Regisseur und der Drehbuchautor fallen in das Lachen ein und der Kameramann schwenkt sein Gerät zu ihnen herüber. Der Regisseur springt auf und wedelt mit den Händen: Alles noch mal von vorne! Der Regieassistent wischt die Kreide von der Tafel und beschriftet sie neu. Ein Wink, ein Knall, wieder surrt die Kamera. Erneut schreitet der gepuderte Herr auf die Dame zu, erneut verneigt er sich vor ihr, erneut zieht er seinen Hut. Alles sieht sehr echt aus.

Nur einem ausgesprochenen Kenner würde auffallen, dass sich das Surren dieser Kamera anders anhört als gewöhnlich. Die Kamera hier auf dem Kirchplatz in Tirol surrt ein wenig heller und lauter als gewöhnlich. Dem Kenner wäre auch der Grund hierfür klar: So klingt eine Filmkamera nur, wenn sich kein Film darin befindet. Wieder brechen die Dame und der gepuderte Herr in Lachen aus. Auch die Kinder amüsieren sich. Das scheint ein lustiger Film zu werden! Lustige Filme sind jetzt sehr modern. Je grausamer der Krieg wütet, desto lustiger müssen die Filme sein. Aus allen Himmelsrichtungen nähert sich der Feind, längst befindet sich die Wehrmacht auf dem Rückzug, Deutschland wird zum Kriegsschauplatz. In Berlin fallen die Bomben. Da ist es gefährlich, im nahen Babelsberg zu drehen. Also sind sie nach Tirol gefahren, haben angegeben, an den Originalschauplätzen drehen zu müssen. Einen Heimatfilm in den Bergen. Das Drehbuch für diesen Film zu schreiben ist Erich Kästners leichtester Auftrag. Er braucht nur leere Blätter abzugeben. Der Dreh ist nur ein Vorwand für die Reise in die Berge, so ist man sicher vor dem Krieg.

Erich Kästner sitzt wieder in seinem Arbeitszimmer mit Blick auf die Kuhweide. Was schreibt er, wo er doch kein Drehbuch zu schreiben hat? Vor ihm liegt ein Heft mit einem blauen Umschlag. Erich Kästner schreibt Tagebuch. Er will seine Chronistenpflicht erfüllen, will aufzeichnen, was in Deutschland passiert. Er ist hier geblieben, ist nicht ins Ausland geflüchtet wie so viele seiner schreibenden Kollegen. 1933 hatte er auf dem Platz vor der Deutschen Oper in Berlin gestanden, als Goebbels eine seiner Schmähreden hielt. In der Mitte hatte man ein Feuer entzündet, dahinein hatten sie auch seine Bücher geworfen. Eine ungeheuere Wut war in ihm aufgestiegen und er hatte seine Fäuste geballt. Aber er hatte sie in seinen Taschen gelassen. Was hätte er auch tun können? Der Verkauf seiner Bücher wurde unter Strafe gestellt, nur den *Emil* nahm man davon aus. Dennoch hatte Kästner in Deutschland ausgehalten. Warum denn bloß? Oft hatten Freunde ihn das gefragt. Jemand muss doch dableiben, hatte er dann geantwortet, jemand, der das alles aufschreibt, was da Schreckliches passiert, der das alles festhält, weil die Erinnerung an diese Zeit nicht verloren gehen darf. So erklärte er sich und schrieb: *Ich bin ein Deutscher aus Sachsen, mich lässt die Heimat nicht fort. Ich bin wie ein Baum, der in Deutschland gewachsen, wenn's sein muss, in Deutschland verdorrt.* – Die Heimat, das war vor allem die Mutter in Dresden. Sie ließ ihn nicht los und er wollte sie nicht im Stich lassen. Die Mutter, die auch die Mutter Emil Tischbeins war, und für die er sich zeitlebens verantwortlich fühlte.

Im Mai ist der Krieg vorüber und mancher Emigrant kehrt nach Deutschland zurück. Peter von

Mendelssohn, ein Münchener Schriftsteller und Journalist, ist einer von ihnen. Deutschland soll eine neue Zeitung bekommen, eine Zeitung für die neue Zeit, eine Zeitung, in der all die Wahrheiten, die früher unterdrückt worden waren, geschrieben werden können. Peter von Mendelssohn will dafür Journalisten finden. Für das Feuilleton braucht er noch den richtigen Mann. Intelligent soll er sein, schreiben muss er können, integer muss er sein. Peter von Mendelssohn besucht Erich Kästner. Nach einem kurzen Zögern erklärt sich Kästner einverstanden. *Neue Zeitung* heißt das Blatt.

Kriegsende in Dresden. So lange schon hat die Mutter keine Nachricht mehr von ihrem Jungen erhalten. Die Post hatte nicht mehr arbeiten können, alle seine Karten und Briefe sind irgendwo stecken geblieben. Die Mutter bangt um ihren Sohn und der Sohn um die Mutter. Welchen Schrecken hat er bekommen, als er von der furchtbaren Bombardierung Dresdens kurz vor Kriegsende gehört hat! Nun ist der Krieg zum Glück vorbei und auch die Post beginnt wieder zu arbeiten. Hocherfreut hält die Mutter einen Brief in den Händen. Ihr Junge lebt und es geht ihm gut! Und eine Stelle hat er schon gefunden, in München bei einer Zeitung. Er schreibt ihr zärtlich und liebevoll, berichtet von einer Reise, die er bald nach Nürnberg machen wird. Sie setzt sich gleich hin und antwortet ihm: »Hast du auch deine schöne Aktenmappe voll gepackt, Zahnbürste, Seife, Handtuch, Brot, Butter und Wurst? Hoffentlich hast du auch genug mitgenommen, damit du satt wirst, richtig satt wirst, mein guter Junge! Denn wenn man unterwegs ist, hat man den meisten Hunger.«

November 1945. Erich Kästner fährt von München nach Nürnberg. Die Autobahn ist kaum befahren, überall stehen Militärposten. Er fährt durch die Hallertau, Herbstnebel hängen über den Hügeln. Schwarz ragen die Hopfenstangen in den Himmel. Als seien die Galgen zu einer Vertreterversammlung gekommen, denkt sich Kästner. In Nürnberg findet ein Prozess statt, über den er berichten will, berichten muss. Zwanzig Männer sind angeklagt, zwanzig Männer mit wichtigen Funktionen im Dritten Reich. Die Siegermächte bilden das Gericht. Der Hauptanklagepunkt lautet: Verbrechen gegen die Menschlichkeit.

Nürnberg ist eine Trümmerwüste. Kaum ein Stein steht auf dem anderen. Kästner beobachtet einen amerikanischen Militärlaster. Ein Soldat wirft Kistenholz in ein offenes Feuer. Ein paar Frauen und Kinder drängen sich näher und wärmen sich daran. Der Komplex des Justizgebäudes ist merkwürdig unversehrt geblieben, kaum eine Bombe schlug hier ein. So wird er als Gerichtsort ausgewählt. Draußen wehen die Fahnen Frankreichs, Englands, Amerikas und der Sowjetunion. Das Gebäude wird streng bewacht. An den Sicherheitskontrollen werden viele zurückgewiesen. Erich Kästner darf problemlos passieren. Die Verhandlung findet im Saal 600 statt. Vor den Fenstern hängen schwere Vorhänge. Gleißend helle Scheinwerfer hat man in Bündeln an der Decke angebracht. Eine Anlage von IBM macht die Verständigung möglich. Simultan übersetzen Dolmetscher die Verhandlung in die verschiedenen Sprachen. Jeder Platz ist mit einem Kopfhörer ausgestattet. In zwei Zehnerreihen sitzen die Angeklagten auf langen Bänken. Die Militärs unter ihnen tragen weiter Uniform, die Schulterklappen allerdings hat man ihnen abgerissen. Vorne links sitzt Göring, den rechten Arm lässig auf die Holzverkleidung gelegt tut er, als ginge ihn das hier alles nichts an. Plötzlich jedoch fuchtelt er erregt mit den Armen und deutet auf sich und ruft wiederholt: »Ich war der Zweite, ich war der Zweite!« – Beim Vortrag über die Zusammensetzung der Reichsregierung wurde festgestellt, dass zuerst der angeklagte Hess als Stellvertreter Hitlers bestimmt worden sei. Darüber erregt sich nun Göring. Die Eitelkeit lässt ihn auch hier nicht los. Kästner beobachtet die Angeklagten genau. Ist das alles, was von der Schreckensherrschaft übrig geblieben ist? Diese jämmerlichen Gestalten? Nur gegen sie wird Anklage erhoben? Das kann nicht sein, das kann nicht alles sein! Kästner sieht genauer hin und er erkennt, wer da noch auf der Anklagebank sitzt, unsichtbar zwar, aber deutlich wahrnehmbar für alle hier im Raum. Dort sitzen der Krieg, das Pogrom, der Menschenraub, der Massenmord und die Folter. Riesengroß und unsichtbar sitzen sie neben den angeklagten Menschen, notiert Kästner. Wieder blickt er von einem zum anderen. Wie soll er diese armseligen Wesen beschreiben, diese Bestien in Menschengestalt? Wie soll er sie seinen Lesern schildern? Er tut es auf seine Weise – sachlich, nüchtern, lakonisch fast und nicht ohne Humor. Kästner kennt die Anklagepunkte, aber die detaillierten Schilderungen der Zeugen, vor allem aus den Konzentrationslagern, berühren ihn dennoch tief. Wieder stellt er sich die quälende Frage, wie er in solch einem Land hatte bleiben können, warum er nicht ins Exil gegangen war, und wieder drängt er die Frage zurück. Er wird ein Buch darüber schreiben, ein Buch über all diese schrecklichen Ereignisse. In einem Roman wird er das Grauen schildern und den Opfern so ihre Würde zurückgeben. Er hat es versprochen und er wird sein Versprechen halten.

Als er nach München zurückfährt, ist der Nebel noch dichter geworden. Der Wagen kommt nur im Schritttempo voran. Kästner starrt aus dem Fenster. Er denkt an die Zeugin aus Auschwitz. Den Roman wird er nicht schreiben. Es geht nicht. Der Stoff ist zu groß, zu bedrückend, nicht zu bewältigen. Seine schärfste Waffe, der Humor, versagt vor diesen Gräueltaten.

Hans Carossa liest ein Buch von Thomas Mann vor einer Plastik von Ernst Barlach

Natürlich war das gut gemeint gewesen! Niemals hätte Dietzel ihn kränken wollen! Nein, ganz im Gegenteil, Dietzel hatte ihm eine Freude bereiten wollen, und es wäre ihm mit Sicherheit hochnotpeinlich, wenn er wüsste, was er da angerichtet hatte. Als ein Freund der schönen Künste glaubte Dietzel, naiv wie er war, fest daran, dass ein jeder sich über ein solches Buch freuen müsste. Und in der Tat, die Erzählung hier war grandios, keine Frage, daran gab es nichts zu deuteln. Diese nordisch kühle Beobachtungsgabe, diese Feinheit und Schärfe des Stils! Fantastisch, perfekt, meisterlich! Aber gerade das war es ja, was ihm nun die Stimmung verhagelte. Diese schreckliche Perfektion! Er vertrug eine solche raffinierte Kost im Moment einfach nicht. Er kam sich dabei wie ein unerfahrener junger Weinbauer vor, der gerade, von Selbstzweifeln geplagt, angefangen hat, seinen ersten Wein zu keltern, und dem ein guter Freund nun lobheischend eine Flasche guten alten Bordeaux serviert. Was sollte er dazu sagen? Klasse, vorzüglich, unübertrefflich? Er war doch selber Schriftsteller, wollte zumindest einer werden, war auch recht stolz auf seine ersten eigenen Werke, hatte auch eine romanhafte Erzählung in der Schublade, von der er sich viel versprach. Aber wie schal kam sie ihm nun vor angesichts dieser Sprache hier! Diese Direktheit im Schildern der Personen, dieser ans Groteske grenzende, diagnostische Blick. Wie jedes kleine Mienenspiel beschrieben wurde. Das war Prosa! Schon allein der Einstieg. Zwei Sätze nur, der erste ultrakurz, kaum ein Satz zu nennen, dann ein großes, weites, prächtiges Satzgebilde und schon war der Leser mittendrin: *München leuchtete. Über den festlichen Plätzen und weißen Säulentempelchen, den antikisierenden Monumenten und Barockkirchen, den springenden Brunnen, Palästen und Gartenanlagen der Residenz spannte sich strahlend ein Himmel von blauer Seide, und ihre breiten und lichten, umgrünten und wohlberechneten Perspektiven lagen in dem Sonnendunst eines ersten, schönen Junitages.*

Carossa seufzte und blickte aus seinem Lehnstuhl auf, in den ihn sein Freund Dietzel hineinplatziert hatte. Das große, saalartige Zimmer, in dem er saß, war ganz mit Kunst gefüllt. Dietzel stand mit den anderen in einem benachbarten Raum und hielt eine seiner Vasen, von denen er unendlich viele zu besitzen schien, zärtlich prüfend in den Händen. Während er sie drehend ans Licht hob, schien er eine seiner feinsinnigen kunsthistorischen Betrachtungen von sich zu geben. Die Leute jedenfalls, die sich um ihn drängten, schauten mit jener Mischung aus

Bewunderung und Langeweile, wie man sie bei Museumsbesuchern gelegentlich beobachten kann. Museum! Das war das richtige Wort für Dietzels Wohnung. Nichts Persönliches hing hier, kein Bild einer verstorbenen Großtante, keine Kinderzeichnungen, nichts, nicht einmal ein einfacher Kleiderhaken störte das Bild. Kunst, wohin man blickte! Gegenüber dem übergroßen Lehnstuhl, in dem er versank, stand auf einem Podest die kleine Holzfigur eines wütenden Menschen, der, sich dabei um die eigene Achse drehend, zu einem gewaltigen Schlag ausholte. Carossa verharrte einige Momente in stiller Betrachtung, dann schlug er wieder die Augen nieder und las weiter.

Hier wieder, diese herrliche Schilderung der Personen! Treffend und mit jenem Augenzwinkern, das ihm selbst so schwer fiel. Wie Thomas Mann die Münchner Mädchen zu schildern verstand, diesen hübschen, untersetzten Typus mit den brünetten Haarbandeaus, den etwas zu großen Füßen und den unbedenklichen Sitten. *Den etwas zu großen Füßen*, dachte Carossa widerstrebend lächelnd. Sehr gut! Das musste einem erst einmal einfallen. Dietzel hätte das Buch lieber im Schrank behalten sollen. Ganz geheimnisvoll hatte er getan, als er ihn nach der kurzen Begrüßung gleich zu jenem Schrank geführt hatte. Etwas ganz Besonderes wäre darin. Gut verschlossen und gesichert, wie der Schrank war, hatte

Carossa etwas äußerst Wertvolles darin vermutet, eine seltene Vase wahrscheinlich, eine mit diesen nackten griechischen Bogenschützen vielleicht. Überrascht hatte er dann geschaut, als Dietzel die Schranktür geöffnet hatte: Lauter Bücher befanden sich darin. Bücher? Ach was, Prachtausgaben! Und alle waren von dem gleichen Schriftsteller, alle waren von Thomas Mann. Ja, da hatte er tatsächlich verdutzt geschaut. Dietzel hatte seine Verblüffung befriedigt registriert und dann dieses Bändchen mit dem vornehmen Leinenumschlag herausgezogen und es ihm mit einer Geste überreicht, als enthielte es die englischen Kronjuwelen. Dann hatte Dietzel ihn hier zu dem Lehnstuhl geführt und ihn augenzwinkernd hineinkomplimentiert mit der Bemerkung, er kenne ja seine Vasensammlung bereits, aber das hier – und dabei deutete er zärtlich auf das Buch –, das kenne er wohl noch nicht! Und dann hatte er ihn mit dem Buch alleine gelassen.

Und Dietzel hatte Recht gehabt, dieses Buch kannte er tatsächlich noch nicht. Die Erzählung war wirklich hervorragend. Allein der Kontrast des lebenslustigen, vergnügungssüchtigen München zu der dunklen, fanatischen Gestalt des Hieronymus. Unheimlich war dieser hagere junge Mann in seinem schwarzen Mönchsgewand, der hohlwangig und mit zerfurchter Stirn die Schellingstraße entlangschritt. Wie Savonarola höchstpersönlich!

Carossa schlug das Buch energisch zu. Er beschloss, nicht weiterzulesen. Das musste er sich nicht antun. Dieser Dietzel. Hätte er ihm doch ein weiteres Mal seine Vasensammlung gezeigt! Dahinten stand er und hielt eines dieser rötlich braunen Exemplare in der Hand, welches zwar nicht so hübsch glitzerte wie andere, genau genommen sogar ziemlich hässlich war, aber dafür unschätzbar wertvoll, stammte es doch aus dem alten Ägypten. Ägypten! Bei diesem Wort schien ein Raunen durch die Zuhörerschaft zu gehen und Dietzel ließ ehrfurchtsvoll seine Finger über den bröckeligen Vasenrand gleiten.

Ach, der gute Dietzel, böse konnte er ihm nicht sein! Nur von der Psychologie eines Dichters schien er überhaupt nichts zu verstehen. Dabei war er Dietzel wirklich zu Dank verpflichtet. Als er, Carossa, mit Weib und Kind nach Nürnberg gezogen war, überstürzt, einer Dichterlaune folgend, kannte er hier keinen Menschen. Seine Arztpraxis am Luitpoldhain war in den ersten Wochen erschreckend leer geblieben und nur beflissene Versicherungsvertreter, welche ihm mit ihren Schilderungen drohender Unglücksfälle Angst und Schrecken einzujagen versuchten, hatten den Weg zu ihm hinaus gefunden. Als er den jungen Mann das erste Mal im Wartezimmer hatte sitzen sehen, hatte er auch ihn prompt für einen Vertreter jener Schwarzmalerzunft gehalten. Dann war aber alles überraschend anders gekommen. Dietzel hatte sich ihm vorgestellt und mit Respekt in der Stimme gefragt, ob der Herr Doktor identisch sei mit dem Dichter gleichen Namens, von dem gerade eben dieser schöne Lyrikband erschienen wäre. Carossa hatte freudig überrascht genickt und Dietzel hatte ihm versprochen, sich als gebürtiger Nürnberger mit mancherlei Beziehungen für ihn einzusetzen. Und das hatte er sich auch nicht nehmen lassen. Am gleichen Tag noch war er in die größte Nürnberger Buchhandlung gegangen und hatte zur Überraschung des Besitzers sämtliche Bände von Carossas Gedichten aufgekauft, um sie an Bekannte zu verschicken. Auch hatte ihn sein kunstsinniger junger Freund zusammen mit seiner Frau regelmäßig an den Sonntagen zu sich eingeladen, wo er, begleitet von einer Sängerin, recht hübsch am Klavier zu musizieren verstand. Danach zeigte er Carossa stets stolz einige seiner gesammelten Schätze. Dietzel war der Sohn eines reichen Hopfenhändlers und von daher recht begütert. Seine Leidenschaft aber galt nicht der herben Bierwürze, sondern der Kunst und den Vasen, wobei Dietzel diese Unterscheidung sicher nicht gemacht und die Wasserbehälter selbstverständlich zur Kunst mit hinzugezählt hätte. Nein, Dietzel war schon in Ordnung. Unwillig nahm Carossa wieder das Buch zur Hand.

Thomas Mann beschrieb nun, wie Hieronymus die Stufen zur Ludwigskirche emporeilte. In dem kühlen, menschenleeren Gotteshaus trat er zum Altar und kniete nieder, um ein kurzes Gebet zu sprechen. Anschließend ging er mit finsterem Blick wieder hinaus ins Freie und nahm die Ludwigstraße stadteinwärts. Am Odeonsplatz stieß er auf eine kleine Menschenansammlung, die sich vor dem Schaufenster eines edlen Antiquitätengeschäftes gebildet hatte. Hieronymus blieb gleichfalls stehen, um zu sehen, was die Leute hier so zu interessieren schien. Ein Bild war in dem Schaufenster ausgestellt, die Fotografie eines Bildes vielmehr, und was er da sah, ließ Hieronymus erzittern. Das Bild zeigte die Heilige Jungfrau mit dem Kinde, aber in dieser Weise hatte es noch keiner gewagt, die Madonna darzustellen! Ein lüsternes Weibsbild war darauf zu sehen, eine verruchte Schönheit, die ihre herrlichen Brüste nicht dem Jesuskinde entgegenstreckte, sondern dem Betrachter! Zwei Jünglinge, die neben Hieronymus standen, Studenten offenbar, ließen anzügliche Bemerkungen fallen, und der eine sagte zum anderen, bei diesem Anblick könne man glatt am Dogma der Jungfräulichkeit Mariens zweifeln. Hieronymus traf diese Bemerkung ins Herz, tiefer aber noch prägte sich ihm der Anblick des Bildes ein. Drei Tage arbeitete es in ihm, bevor er mit entschlossenen Schritten erneut zu der Kunsthandlung eilte.

Carossa atmete tief durch. Dabei war ihm die Leidenschaft seines Freundes für Thomas Mann durchaus nicht unbekannt. Kaum dass in der *Neuen Rundschau* eine Arbeit von Thomas Mann erschien, klingelte es schon bei Carossa und ein Telegramm von Dietzel kündigte das Eintreffen des wichtigen neuen Heftes an. Dieses pflegte dann tags darauf als Eilsendung zu folgen, nie jedoch ohne den schonenden Hinweis, man möge bitte auf eine Nachtzustellung verzichten. Über diese Marotte hatte Carossa stets mit einem Lächeln hinweggesehen, hatte die *Neue Rundschau* in seinem Wartezimmer ausgelegt und sich seinen eigenen Erzählungen, dem Doktor Bürger vor allem, zugewandt. Aber ein Buch in die Hand gedrückt zu bekommen, hineingequetscht zu werden in diesen Lehnstuhl, das war ganz etwas anderes, dagegen konnte man sich nicht wehren. Nötigung war das, jawohl, eine Art geistiger Nötigung! Sollte das nicht heißen: Bevor du noch einmal selbst etwas schreibst, lies erst einmal das, dann kannst du dir ja immer noch überlegen, ob du wirklich ein Dichter werden willst. Arzt ist doch auch was Feines. Carossa merkte, wie seine Stirn heißer wurde. Nein, er war überempfindlich. Vielleicht war er ja auch nur nicht richtig gesund. Nein, nein, Dietzel unterstützte ihn doch sehr. Wie vielen hatte er seine Gedichtbände geschickt! Dietzel war einfach nur etwas naiv. Carossa blickte auf. Der wilde Mann dort drüben auf dem Podest, die Holzplastik, wurde immer größer, je länger man ihn betrachtete. Eine verzweifelte Wut schien ihn ergriffen zu haben. Gegen wen er nur kämpfte? Vielleicht gegen die Übermacht der Vasen hier, stellte Carossa mit einer kleinen Spur von Häme fest. Weit hatte sich das Männlein nach hinten gelehnt, um zu dem alles vernichtenden Schlag auszuholen. Carossa las widerstrebend weiter.

Thomas Mann ließ Hieronymus nun das vornehme Geschäft betreten, in dem distinguierte Verkäufer edel gekleidete Kunden bedienten. Überrascht sahen sie den Mann in der schwarzen Kutte an und ihre Überraschung steigerte sich noch, als dieser mit befehlender Stimme den Geschäftsführer Herrn Blüthenzweig persönlich zu sprechen verlangte. Ja, Hieronymus bat nicht, er verlangte! Und dann kam Blüthenzweig. *Seine Nase lag ein wenig platt auf der Oberlippe, sodass er beständig mit einem leicht fauchenden Geräusch in seinen Schnurrbart schnüffelte. Manchmal näherte er sich dabei dem Käufer in gebückter Haltung, als beröche er ihn.* Auch Hieronymus untersuchte Blüthenzweig flüchtig in eben dieser Weise.

Carossa musste wider Willen lächeln. Wie Thomas Mann das nur verstand! Dieser immer mitklingende ironische Unterton! Bei aller Ernsthaftigkeit des Themas spielte doch immer ein kleines Lächeln mit hinein. Carossa dachte an seinen Doktor Bürger. Wie blass sahen seine Personen dagegen aus. Nein, er musste den Roman umschreiben, viel deutlicher musste er die Figuren zeichnen, ruhig einmal etwas übertreiben. So gewannen die Personen an Leben und nicht durch jene pastellzarten Andeutungen, mit denen er sich begnügte. Radikal neu gestalten würde er sein Werk. Unzufrieden saß Carossa da und starrte wieder auf den wilden Mann. Merkwürdig, wie sehr dessen sanftes Antlitz zu der gewaltsamen Gebärde kontrastierte. Sein Gesicht war durchweg zart, ja furchtsam gestaltet, ein Eindruck, der durch das weite, mönchische Gewand noch verstärkt wurde. Ja, da war noch etwas, jenes Unsichtbare, jene feindselige Macht, welche diesen stillen Menschen in solch eine wütende Verzweiflung trieb. Carossa fühlte plötzlich, wie sein Fieber stieg und erste Hitzewellen über seinen Körper liefen. Zitternd las er die Erzählung zu Ende, las, wie Hieronymus in einer mächtigen, apokalyptischen Rede vom Kunsthändler die Entfernung des gotteslästernden Marienbildes verlangte, las, wie der erregte Blüthenzweig ihn daraufhin von seinem ungeschlachten Gehilfen hinauswerfen ließ und wie der eifernde Hieronymus auf die Straße gesetzt in einer letzten Vision die Verbrennung aller Kunstgegenstände dieser sündigen Welt halluzinierte.

Carossa glitt das Buch aus den schweißnassen Händen. Glühend heiß war ihm geworden. Kein Zweifel, er fieberte. Wilder noch tanzte der Berserker auf seinem Sockel. Der Berserker und Hieronymus verschmolzen zu einer Figur und schwindelnd stand

Carossa auf, um sich von Dietzel zu verabschieden. Zum Bleiben fehlte ihm nun jede Kraft, er musste heim, so schnell wie möglich heim und ins Bett. Dietzel, der gerade zwei Vasen vergleichend in die Luft hielt, konnte er nicht einmal die Hand zum Abschied drücken. Er murmelte etwas von einem plötzlichen Fieberschub und stürmte aus der Museumswohnung. Die Blutwärme stieg noch weiter, Beklemmungen und Bluthusten folgten. Kein Zweifel, das Nürnberger Klima vertrug er nicht. Er fuhr zur Erholung nach Seestetten und beschloss, nicht mehr nach Nürnberg zurückzukehren. Die Wohnungsauflösung übertrug er seiner Frau, verbunden mit der dringenden Bitte, von Dietzel keine Vasengeschenke anzunehmen.

Thomas Mann beobachtet okkulte Phänomene

Es ist Sonntag, der 24. Februar 1924, als Thomas Mann den Frühstückssalon eines eleganten Fürther Hotels betritt. Er schaut sich kurz um und nimmt dann an einem Tisch im hinteren Teil des Raumes Platz. Ein junger Kellner tritt sogleich zu ihm und nimmt die Bestellung auf. Hübscher Junge, denkt sich der Dichter, angenehme Stimme! Nur die Augen stehen etwas zu nah beieinander. Thomas Mann befindet sich auf Lesereise. Heute wird er hier in Fürth seinen neuen Roman vorstellen und dann am Abend noch in Nürnberg einen Vortrag halten. Der Kellner kommt und bringt den Tee, Thomas Mann schenkt ihm ein Lächeln. Dann greift er nach den Zeitschriften, die neben ihm auf einem Tisch liegen. Zerstreut nimmt er eine medizinische Wochenschrift zur Hand und blättert darin. Die neuesten Behandlungen von Drüsenerkrankungen interessieren ihn nur mäßig, auch die Kommentare zum Ärztekongress übergeht er. Er will das Heft schon wieder beiseite legen, als sein Blick auf einen Artikel fällt, dessen Überschrift ihn neugierig macht. Das ist doch genau sein Thema, das Thema, zu dem er heute noch in Nürnberg sprechen wird!

Berlin-Alexanderplatz, ein Abend im Dezember. In der nüchternen Gaststätte ist der große Saal schon gut gefüllt. Brave Berliner Kleinbürger sind gekommen. Arbeiter, Versicherungsangestellte, Straßenbahner in sauberen Uniformen, Hausfrauen und kichernde Fräuleins, Väter und Mütter mit größeren und kleineren Kindern. Alle unterhalten sich in einem respektvollen Flüsterton und blicken erwartungsvoll und leicht beklommen nach vorne. Doch auf der leeren Bühne ist nur ein altes Klavier zu sehen. Durch die hohen Fenster an der Längsseite fällt trübes Straßenlicht herein. Immer neue Ankömmlinge drängen in den Saal und drücken den bereits Anwesenden still und vertraulich die Hand, ein ernstes »Gott zum Gruße im Namen Josef Steinkühlers!« murmelnd. Kellner laufen zwischen den Reihen hin und her und nehmen die Bestellungen auf. Vorne am Eingang sind auf langen Tischen Zeitungen und Druckschriften ausgelegt, dazu Bücher und Fotos eines glatzköpfigen Mannes mit Schnauzbart. Scharenweise drängen sich dort die Menschen, lassen sich von einem hageren Verkäufer die Preise nennen und kaufen eifrig. Kaum einer bemerkt in der Nähe des Eingangs den kleinen, breitschultrigen älteren Herrn mit dem Clémenceau-Schnauzbart und der Sardellenbrötchenglatze, der die Eintretenden mit klugen, dunklen Augen mustert.

Inzwischen ist es acht Uhr geworden. Der hagere Verkäufer betritt die Bühne und das Gemurmel im

Saal verstummt. Erwartungsvolle Stille tritt ein. Der Hagere hebt bedeutungsvoll die Hände und lässt seinen Blick über die Anwesenden schweifen. »Gott zum Gruße im Namen Josef Steinkühlers!«, begrüßt er die Gemeinde. Dann hält er eine eindrucksvolle Ansprache, in der er die Gegenwart in den schrecklichsten Farben beschreibt und durch Aufführung zahlreicher Bibelstellen nachweist, dass all dies Elend und Grauen in der Heiligen Schrift längst geweissagt worden ist. Zugleich aber – und nun wird seine Stimme sanfter – sei ihnen auch der Retter genannt worden, der Retter, den Gottvater in die Welt gesandt hatte, um den Kampf mit den finsteren Mächten dieser Zeit aufzunehmen und so die gequälte Menschheit endlich zu erlösen. Wer dieser Retter sei, das brauche er ja den hier versammelten Brüdern und Schwestern nicht zu sagen! An diese frommen Worte knüpft er dann noch einige geschäftliche Mitteilungen, etwa, dass vorne am Verkaufsstand zu einem besonders günstigen Preis ein neues Foto des Meisters zu haben sei, dessen Besitz sich jeder wahre Anhänger zur Pflicht machen müsse. Und plötzlich steht er selbst auf der Bühne, der Meister, Josef Steinkühler, der ältere Herr mit dem Schnauzbart und der Sardellenbrötchenglatze, und beginnt unter der lautlosen Aufmerksamkeit des vielhundertköpfigen Publikums zu sprechen. Seine Rede ist eine einzige Enttäuschung. Sie ist so schlecht artikuliert, so ungelenk und verwaschen, dass man in einiger Entfernung nur Bruchstücke davon versteht. Unbegreiflich, wie dieser unscheinbare alte Mann da vorne, der etwas Unverständliches in die Menge hineinmurmelt, diese so in seinen Bann zu zwingen vermag. Seine Rede dauert nicht lange. Man vernimmt die Ankündigung, dass er nun die liebe Schwester Frau Krummbiegel nach vorne bitten und in ihr einen Geistfreund einschalten wird, der nun durch ihren Mund zu der Gemeinde reden werde.

Und nun geschieht etwas Erstaunliches. Auf entsprechende Gesten Steinkühlers erhebt sich in einer der vorderen Reihen eine Frau mittleren Alters und wandert in feierlicher und zugleich starrer Haltung nach vorne, so, als würde sie von unsichtbaren Fäden gezogen. Auf der Bühne angekommen, dreht sie sich wie eine Puppe mit dem Gesicht zum Publikum, öffnet den Mund und beginnt mit monotoner Stimme zu sprechen:

»Gott zum Gruße, geliebte Brüder und Schwestern! Aus mir spricht jetzt unser Geistfreund Dr. Martin Luther. Er mahnt euch, daran zu denken, dass das Ende der Welt nahe herbeigekommen ist. Die Berge stürzen und die Meere treten aus ihren Ufern, Pest und Tod befallen die sündige Menschheit. Aber sehet, drüben steht die Stadt Zion mit goldenen Mauern, wo ewiger Frühling ist, milde Lüfte wehen und die herrlichsten Blumen sprießen. Dorthin wird uns unser Prophet führen, wenn wir gläubig sind und ihm vertrauen.«

In diesem eigentümlich singenden Tonfall redet sie weiter, ein scheinbar willenloses Werkzeug ihres Meisters, und im Saale entsteht eine eigenartig beklommene Stimmung. Plötzlich jedoch fährt zum Schrecken der Gemeinde mitten im Saal eine Frau von ihrem Stuhl hoch und bricht in ein verzücktes Schreien aus. Darauf scheint Steinkühler, der mit geschlossenen Augen der Rede von Frau Krummbiegel gelauscht hat, gewartet zu haben. Augenblicklich hellwach, eilt er mit erstaunlich elastischen Schritten, die man ihm nicht so ohne weiteres zugetraut hätte, zu der Schreienden hinüber und vollführt über ihrem Kopfe einige rituelle Handbewegungen, wozu er unverständliche Beschwörungen murmelt. Erlöst sinkt die vom bösen Geist Befreite erschöpft in ihren Stuhl zurück. Doch kaum ist dies geschehen, da schreckt in einer hinteren Saalecke ein Mann in die Höhe und strebt wimmernd und mit verzerrtem Gesicht Richtung Bühne. Auch ihn bringt der flugs hinzugesprungene Meister in der gleichen Weise zur Ruhe, muss aber sofort an einer dritten Stelle eingreifen, wo sich dasselbe Schauspiel vollzieht. So hat er schließlich alle Hände voll zu tun, aber immer mit demselben prompten Erfolg. Die Zuschauer verfolgen diese Auftritte mit großer Aufregung und geweiteten Augen. Ehrfurcht und heiliges Schaudern ergreift sie angesichts der Wunderkraft des Meisters. Schließlich steigert sich das Ganze so weit, dass gleichzeitig an den verschiedensten Stellen des Saales Menschen wie im Trance aufstehen und kichern oder schreien oder in den seltsamsten Sprachen wirr vor sich hin sprechen, wodurch sich die Erregung im Saal noch beträchtlich steigert. Was wird der Meister nun tun? Jetzt werden es zu viele! Aber Steinkühler bleibt auch hier Herr der Situation. Ohne seine Ruhe zu verlieren, tritt er in die Mitte des Saales und ruft mit lauter befehlender Stimme: »Alle Geister raus!« – Darauf erheben sich die Befallenen und wanken in langem Zuge, stöhnend, sich schüttelnd, willenlos, mit blassen, verstörten Gesichtern aus dem Saal hinaus, verfolgt von den starren Blicken der vielen hundert Zuschauer. Die Versammlung ist zu Ende. Und wer noch kein Bild vom Meister erstanden hat, der tut dies nun eilig beim Verlassen des Saales.

Wer nun glaubt, er habe soeben ein einzigartiges Spektakel miterlebt, etwas in dieser Art Einmaliges, der täuscht sich leider. Steinkühler-Versammlungen finden gut organisiert jede Woche zur festgesetzten Uhrzeit in diesem Lokal statt und verlaufen mit nur geringen Variationen immer in der beschriebenen Weise.

Thomas Mann lässt die Zeitschrift sinken. Die Volksverdummung findet doch immer weitere Verbreitung! Dieser Steinkühler ist beileibe nicht der Einzige, der über okkulte Fähigkeiten zu verfügen meint. Zahlreiche andere Meister tummeln sich auf dem Markt der Offenbarungen und bringen mittels eines Mediums längst Verstorbene zum Sprechen. Manche von ihnen haben auch die Gabe des zweiten Gesichts, andere verfügen über telepathische Fähigkeiten, wieder andere wirken über tierische Kreaturen, wie ein Herr Krall aus Elberfeld, der Pferden Rechenaufgaben stellt, die diese augenblicklich lösen und das Ergebnis dann durch Stampfen der Hufe präzise anzeigen. Parapsychologie, wohin man blickt! Eine tiefe Sehnsucht nach Spiritismus, ein geradezu metaphysisch zu nennendes Bedürfnis hat sich aufgetan und dieses Bedürfnis wird durch geschickte Scharlatane, die sich mehr oder minder der betrügerischen Natur ihres Handelns bewusst sind, befriedigt.

Thomas Mann nimmt noch einen Schluck Tee. Er beobachtet diese Entwicklung mit Argwohn. Sie scheint ihm symptomatisch für diese Zeit nach dem Krieg zu sein, symptomatisch und gefährlich zugleich. Weist sie doch daraufhin, wie wenig gefestigt der Glaube der Menschen an ihre verstandesmäßigen Kräfte ist. Selbst in gebildeten Kreisen besteht diese Neigung zu obskuren Praktiken. Wenn dies lediglich das Privatvergnügen Einzelner wäre, dann wären Thomas Manns Sorgen geringer. Er sieht jedoch klarer als manch anderer Zeitgenosse, wohin diese träge Bereitschaft für Suggestionen führen kann, dass nämlich die Lähmung des Verstandes nicht nur von unbedeutenden Schwindlern, sondern auch von einem der Großen in verderblicher Weise ausgenutzt werden könnte.

Mit sorgenvollem Interesse hat er bemerkt, wie auch in seinem Bekanntenkreis vermehrt über spiritistische Phänomene diskutiert wurde. Dabei fiel immer häufiger der Name eines gewissen Barons von Schrenck-Notzing. Dieser Baron, zugleich praktischer Arzt und Spezialist für Nervenerkrankungen, hält in seinem Privathaus, einer stattlichen Villa in unmittelbarer Nähe des Karolinenplatzes, okkulte Sitzungen ab, wobei er sich der Hilfe eines besonders begabten Mediums bediente. Das Interesse, einer solchen Sitzung beizuwohnen, ist groß und nur ausgesuchten Leuten mit guten Beziehungen gelingt es, hierzu eingeladen zu werden.

Ein Zufall hatte es möglich gemacht, dass auch Thomas Mann vor einigen Wochen Gelegenheit gefunden hatte, sich selbst von den Praktiken des Barons zu überzeugen. Der *Simplizissimus*, die große satirische Zeitschrift, hatte einen ihrer bekannten Zeichner zu ihm geschickt, um von ihm eine Karikatur anfertigen zu lassen. Während sich Thomas Mann geduldig porträtieren ließ, kamen sie bald auch auf den Baron zu sprechen. Der Zeichner verfügte über

Beziehungen und schon wenige Tage später holte er Thomas Mann ab, um gemeinsam mit ihm eine Sitzung zu besuchen. Als sie die Tram bestiegen, bemerkte Thomas Mann zu seinem Missvergnügen an sich selbst eine gewisse nervöse Aufregung. Fast wie ein Pennäler vor seinem ersten Rendezvous, wie er unwillig lächelnd feststellte. Vor der palaisartigen Villa des Barons empfing sie ein Diener und führte sie herein. Der Baron begrüßte sie und geleitete sie seinerseits in eine kleine Bibliothek, wo er sie mit den bereits anwesenden Gästen bekannt machte. Einige Ärzte befanden sich darunter, auch zwei Zoologieprofessoren und Angehörige der Schwabinger Intellektuellenszene. Wie sich herausstellte, hatten sich manche schon zu echten Stammgästen des Barons entwickelt.

Etwas abseits saß ein junger Mann von etwa zwanzig Jahren, mit dem der Baron sie nun bekannt machte. Dieser sympathisch wirkende brünette Junge war das Medium, mit dem der Baron so erfolgreich arbeitete. Thomas Mann spürte bei Willi, so hieß der junge Mensch, ein gewisses Lampenfieber und Thomas Mann beschloss, Willi gegenüber wohlwollend aufzutreten und sich nicht als böswilliger Spielverderber zu erweisen, der nur gekommen war, um das Ganze als Schwindel zu entlarven. Nein, Thomas Mann nahm sich vor, der Sitzung unvoreingenommen beizuwohnen und sich so ein objektives Bild zu machen. Er war zwar ein Skeptiker, wie er sich eingestand, aber durchaus einer von der positiven Sorte.

Nachdem alle Gäste eingetroffen waren, führte sie der Baron in ein benachbartes, größeres Zimmer, in dem allerlei Utensilien ausgebreitet waren. Thomas Mann entdeckte eine Schreibmaschine mit einem eingespannten weißen Blatt, eine zierliche Handglocke, wie sie das Christkind am Heiligen Abend benutzt, auch einige Plastikringe lagen herum und noch verschiedene andere Gebrauchsgegenstände. Die Zuschauer nahmen in einem Halbrund Platz, während das Medium sich ihnen gegenüber auf einen einzeln stehenden Stuhl setzte. Der Baron bat nun zwei Zuschauer, als Assistenten mitzuwirken, und obwohl er spürte, dass insbesondere Thomas Manns Glauben an den Okkultismus keinesfalls gefestigt war, bat er augerechnet ihn darum, zu Willi zu treten und ihm die Hände gut festzuhalten, sodass kein Schatten eines Betrugsverdachtes auf Willi fallen konnte. Thomas Mann kam der Bitte gerne nach, setzte sich neben Willi und hielt sanft, aber energisch dessen schmale Jünglingshände fest. Nun wurde das Zimmer abgedunkelt. Nur noch der gelbe Schein einer kleinen Tischlampe war zu sehen. Manche der vorbereiteten Utensilien allerdings und auch Willi selbst strahlten einen grünlich schimmernden Glanz aus, der von sanft fluoreszierenden Klebestreifen herrührte, eine Erfindung des Barons, auf die er sich nicht wenig einbildete. Eine einfache kleine Spieluhr wurde nun in Gang gesetzt, denn Willi brauchte, um in die notwendige Stimmung zu gelangen, den Klang der Musik.

Nun geschah eine Weile gar nichts. Die Spieluhr klimperte ihr einfallsloses Liedchen und alles wartete in gespannter Erregung. Plötzlich spürte Thomas Mann, wie Willi unter seinen Händen rhythmische Bewegungen vollzog. Ein Trancezustand kündigte sich an! Das Eigenartige an diesen Trancezuständen war, wie Thomas Mann zuvor von dem älteren der Zoologieprofessoren erfahren hatte, dass Willi sich dabei in zwei Personen spaltete. Der eine, der von ihm Besitz ergriff, war ein Kerl namens Erwin, ein ungehobelter, unerzogener Bursche, der nichts Vernünftiges zustande brachte. Sanfter und verständiger hingegen war Minna, die zweite Person, nach der der Baron nun fragte: »Ist Minna da?« – Ein kleiner Händedruck Willis bestätigte die Anfrage, und Thomas Mann, der den Händedruck entgegengenommen hatte, tat es der Versammlung kund. Dann beugte Willi seinen Kopf zum Ohr von Thomas Mann und flüsterte ihm leise zu: »Unterhalten!« – Thomas Mann gab den Wunsch an die Zuschauer weiter, und auf Aufforderung des Barons begannen sich die Gäste gezwungen und unkonzentriert zu unterhalten, denn Minna brauchte diese Geräuschkulisse genauso wie die Musik, sonst konnte sie ihre Wirkung nicht entfalten. Auch Thomas Mann versuchte nach Kräften, mit seiner Nachbarin, die den zweiten Assistentenpart übernommen hatte, ein Gespräch in Gang zu bringen, denn er wollte den Ablauf keinesfalls stören. Willi strengte sich erkennbar an, den Trancezustand zu verstärken. Er stöhnte, ächzte, warf sich hin und her, unterstützt von den aufmunternden Zurufen des Publikums. »Nur Mut, Minna!« und »Zeig uns, was du kannst!«, riefen sie. Thomas Mann beobachtete aus nächster Nähe interessiert die keuchend pressenden Bewegungen des sanft fluoreszierenden Mediums. Ein Gebärakt, stellte er etwas peinlich berührt fest, ein Mann in den Wehen! Aber trotz Willis Anstrengungen ereignete sich zur Enttäuschung des Publikums nichts Okkultes. Die Zeit verrann. Der jüngere Zoologieprofessor hatte mittels einer mitgebrachten Ziehharmonika das eintönig enervierende Gebimmel der Spieluhr abgelöst, und während Willi weiter heftig kreißte und die Zuschauer weiter geduldig Minna ermunterten, erfüllten nun die verschiedensten Militärmärsche für Ziehharmonika den Raum. In eine solch seltsame Situation war Thomas Mann noch nie geraten. Absonderlich, höchst absonderlich! Ein kreißender Mann, ein ziehharmonisierender Zoologieprofessor, ein Händchen haltender Dichter, welch kuriose Veranstaltung! Aber wo blieb die Parapsychologie?

Nachdem sich auch zu der Ziehharmonikamusik nichts tat, unterbrach der Baron nun die Séance, überzeugt davon, dass Willi alias Minna eine Ruhepause benötigte. Blendendes Weißlicht wurde eingeschaltet, man ging hinüber in die Bibliothek, wo heißer Tee ausgeschenkt wurde. Die Zuschauer beruhigten sich gegenseitig. Alles würde schon in Ordnung gehen! Rein negative Sitzungen wären bei Willi eine äußerste Rarität! Und so ging man unvermindert gespannt in den zweiten Teil des Abends. Aber sosehr man auch guten Willen zeigte, Minna blieb verstockt. Die bereitgelegten fluoreszierenden Gegenstände rückten nicht einen Zentimeter von der Stelle. Eine gewisse Müdigkeit begann sich unter den Gästen auszubreiten. Auch die Marschmusik des Zoologieprofessors klang nicht mehr so flott. Langsam wurde auch der Baron unzufrieden, und mit gereiztem Unterton in der Stimme sprach er: »Nein, Minna, alles was recht ist, aber nun sitzen wir schon zwei Stunden da. Alles hat seine Grenzen. Wir geben dir jetzt noch zehn Minuten. Passiert auch dann nichts, so machen wir Schluss und die Herrschaften gehen nach Hause. Mancher aber wird sagen, dass du nichts kannst und nichts vermagst, und die Skeptiker werden sich freuen!« – Diese Vorstellung schien Minna nicht zu passen. Sie, beziehungsweise Willi, ruckte wieder unruhiger hin und her. »Das Taschentuch!«, flüsterte Minna und der Baron zog es rasch hervor und ließ es auf den Boden segeln, weiß und matt schimmernd lag es dort. Und nun passierte es. Wie von einer Geisterhand gepackt, begann das Tuch nun langsam emporzusteigen. In sanftem Bogen flog es an der kleinen Tischlampe vorbei, wobei man im Inneren des Schnupftuches kurz die Umrisse eines knöchernen Händchens zu bemerken schien. Das Tuch stieg nun noch weiter empor, fast bis zur Stuckdecke, um schließlich wie erschöpft wieder zu Boden zu sinken. Zwei Mal noch vollzog sich dieses Schauspiel, zunächst unter atemloser Stille, dann unter lauten Bravorufen des begeisterten Publikums.

Doch die Nummer mit dem Tuch war nur der Anfang. Nun fing Minna an, die ganze Palette ihres Könnens zu zeigen. Minna verlangte nach der schlichten Handglocke, die der Baron eilfertig auf das Tischchen stellte. Und obwohl die Hände des Mediums von Thomas Mann weiter gut fixiert wurden und zudem die Entfernung zu dem Tischchen viel zu groß war, stieg nun auch die Glocke in die Luft und bimmelte dort triumphierend. Das war es, was das Publikum von Minna sehen wollte! Begeistert wurde geklatscht und gepfiffen. Thomas Mann merkte, wie ihn ein leichter Schwindel befiel, ein Gefühl wie bei einer aufkommenden Seekrankheit. Wie war das möglich? Willis Kopf sank noch ein wenig tiefer und ruhte schließlich an der Schläfe von Thomas Mann. Tieftrance! Die weiteren Kunststücke vollführte Minna nun im Schlafe. Sie betätigte den Knopf einer Druckglocke und stellte telekinetisch die Spieluhr an, welche folgsam wieder anfing zu klimpern. Der Baron entließ nun Thomas Mann aus seinem Hände haltenden Assistentenamt. Kaum jedoch hatte er im Halbrund bei den anderen Zuschauern Platz genommen, als einer der selbstleuchtenden grünen Ringe aufstieg und dann – pardauz! – dem Dichter an die Nase knallte. Verdutzt rieb sich Thomas Mann dieselbe. Immerhin, dachte er, ein durchaus zivilisiertes Wesen scheint diese Minna zu sein. Sie hätte ja auch die Spieluhr oder gar die Glocke nach mir werfen können!

Die Veranstaltung ging zu Ende. Als Letztes forderte der Baron Minna auf, ihnen doch ein paar Zeilen auf der Schreibmaschine zu tippen. Und tatsächlich! Ohne dass ein Arm oder etwas Ähnliches zu erkennen gewesen wäre, bewegten sich die Tasten nach unten und das typische Geräusch einer Schreibmaschine war zu hören. Zum Schluss dankte der Baron noch seiner Minna, und unter dem heftigen Applaus des Publikums wurde sie verabschiedet. Als das elektrische Licht wieder eingeschaltet wurde und sich Thomas Manns Augen wieder an die Helligkeit gewöhnt hatten, schritt er zur Schreibmaschine. Auf dem eingespannten Blatt stand lediglich eine zusammenhanglose Buchstabenfolge. Da wächst mir zumindest keine Konkurrenz heran, dachte sich der

Dichter und verabschiedete sich. Kopfschüttelnd fuhren sie nach Haus. Was war davon zu halten? Wie war das zu erklären?

Thomas Mann gingen auf dem Nachhauseweg die atemlos faszinierten Gesichter des Publikums nicht aus dem Kopf. Lauter gebildete Leute hatten sich von dieser lächerlichen Veranstaltung in den Bann schlagen lassen! Und das Dümmste war: Er hatte genauso reagiert! Wie mussten solche Phänomene erst den einfachen Mann beeindrucken! Welche Wirkung konnte damit erzielt werden! Und wie konnte man den Einfluss solcher Leute eindämmen? Die Antwort darauf fiel Thomas Mann nicht schwer. Nicht, indem man solche Vorstellungen schlichtweg als Betrug bezeichnete. Das war zu einfach. Jeder Teilnehmer einer solchen Sitzung würde glatt das Gegenteil behaupten. Nein, klüger und wirkungsvoller wäre es vielmehr, die okkulten Phänomene mit dem Stilmittel der Ironie zu bekämpfen und sie damit dem Lachen preiszugeben. Denn der größte Feind der dämonisch düsteren Mächte ist der Humor. Hier konnte er ansetzen! Also beschloss Thomas Mann, auf einer seiner nächsten Vortragsreisen, die er hin und wieder gerne unternahm, auch über seine persönlichen Erfahrungen mit dem Okkultismus zu berichten.

Und diese Reise war nun gekommen. Nach seiner Lesung in Fürth reist er weiter nach Nürnberg und hält im Großen Saal des Nürnberger Industrie- und Kulturvereins einen Vortrag zu dem Thema »Okkulte Erlebnisse«, wobei er seine Erfahrungen mit Minna so drollig darzustellen weiß, dass das belustigte Publikum am Ende in einen wahren Beifallssturm ausbricht.

Gisela Elsner

Die Lehrerin geht durch die Reihen. Die Kleinen schreiben eifrig. Quietschend fahren die Kreidestifte über die Schiefertäfelchen. Sie besuchen die Schule noch nicht lange, ihre Schrift ist noch ungelenk. Oft greifen sie zum Schwämmchen, wischen einen Fehler wieder fort. Die Lehrerin achtet auf Ordnung und Sauberkeit. Gerade jetzt in dieser Zeit erscheinen ihr diese Tugenden wichtig. Drüben in der Stadt herrschen Unordnung und Chaos. Was die Bomben alles angerichtet haben! Zum Glück gibt es seit Tagen keinen Fliegeralarm, so kommen sie mit dem Unterrichtsstoff weiter. Die Lehrerin schreitet hinüber zu den Mädchen. Plötzlich bleibt sie abrupt stehen. Das darf doch nicht wahr sein! Was macht Gisela denn da schon wieder! Wie oft soll sie sie denn noch ermahnen? Jetzt ist aber Schluss. Hart schlägt sie ihr auf die Hand. »Nicht die Linke! Du sollst mit der Rechten schreiben, wie oft hab ich dir das schon gesagt?« – Mit den Tränen kämpfend wechselt Gisela den Stift von der linken in die ungeschickte rechte Hand, jetzt wird ihre Schrift noch ungelenker.

Nürnberg, katholische Maria-Ward-Schule, ein Mädchengymnasium. Der Krieg ist vorbei. Hier in der Bärenschanzstraße sind die Schäden geringer als anderswo. Ordensschwestern halten den Großteil der Stunden. Vor Beginn des Unterrichts müssen alle Schülerinnen zur Morgenandacht in die Kapelle, auch Gisela kniet in einer der Holzbänke nieder. Vorne knien die Ordensschwestern. Gisela sieht von hier aus nur ihre schwarzen Hauben. Knien sie vor Gott oder vor dem Pfarrer nieder? Ihr kommen erste Zweifel. Dann beginnt der Unterricht. Gisela langweilt sich schnell. Ist ihr der Stoff zu leicht? Vielleicht auch das. Sie ist ein außergewöhnlich begabtes Kind. Langeweile erträgt sie nicht, sie braucht Beschäftigung. So beginnt sie, heimlich Geschichten zu schreiben. Kurzgeschichten, so kurz wie die Zeit von der Mathestunde zum Englischunterricht.

Nach der Schule fährt sie heim ins feine Erlenstegen. Heute herrscht eine festliche Stimmung im Haus. Viele Leute sind gekommen, wichtige Leute, Männer mit Brillen und schick gekleideten Frauen an der Seite. Sie sind gekommen, um zu gratulieren. Der Vater steht im Mittelpunkt und alle wollen ihm die Hände schütteln. Hat er denn Geburtstag heute? Nein, es hat mit seiner Arbeit zu tun. Er ist befördert worden, ist jetzt Oberingenieur. – »Oberingenieur, was ist das?«, fragt Gisela. »Etwas Wichtiges, eine Auszeichnung. Er hat jetzt andere Ingenieure unter sich.« – »Unter sich?« – »Ja, sie müssen machen, was Papa ihnen sagt!« – »Gehören sie denn Papa?« – »Nein, mein Kind, natürlich nicht!« – »Warum müssen sie dann machen, was Papa ihnen sagt?« – Die Großen lachen und prosten sich zu, stoßen mit den Gläsern an. Gisela geht auf ihr Zimmer, sperrt sich ein und liest.

1952. Gisela ist fünfzehn Jahre alt, sie liest viel. Hofft auf Antworten, die ihr die Schule und die Eltern nicht geben. Will wissen, warum die Sachen so sind, wie sie sind. Warum Menschen andere Menschen unter sich haben. Wer das so eingerichtet hat und zu welchem Zweck. Und sie findet Bücher, die ihr hierauf Antwort geben, die ihr alles erklären können. Die Bücher stehen nicht in ihrer Schulbücherei und darum glaubt sie ihnen. Alles wird klarer, begreifbarer, wird zum System. Sie versteht plötzlich die Zusammenhänge. Deshalb also geht es so ungerecht zu auf dieser Welt! Das System lebt von der Ausbeutung und der Unterdrückung. Auch ihr Vater ist ein Rädchen in diesem System. Und er erkennt es nicht einmal! Freut sich über eine Beförderung, über etwas mehr Macht, etwas mehr Geld und dient doch nur den Interessen der wenigen Besitzer des großen Konzerns, den Firmenbossen, den Kapitalisten, die andere Menschen für sich arbeiten lassen und an dem Mehrwert verdienen. Und auch die frommen Ordensschwestern dienen diesem System. Indem sie die Schülerinnen niederknien lassen, sie jeden Morgen die Demut lehren. Klein und sündig ist der Mensch, Forderungen darf er keine stellen. Bloß nicht aufmucken. Und alle Tränen dieser Welt werden erst im Jenseits getrocknet. Alles hängt mit allem zusammen. Morgens in der Schule der Katholizismus, nachmittags daheim der Kapitalismus. Aber es gibt eine Chance, diese Ungerechtigkeiten zu ändern. Diese Bücher berichten davon. Wissenschaftlich, systematisch, logisch. Im anderen Teil Deutschlands, in der DDR, sind sie dabei, die Ideen dieser Bücher zum Leben zu erwecken. Dort hat man verstanden, worauf es ankommt. Gisela findet eine neue Heimat, eine Heimat in der Welt der kommunistischen Ideen.

Oft denkt sie nun darüber nach, was sie werden will. Vielleicht zum Theater. Ja, Stücke schreiben, Stücke aufführen, das wäre was! Sie schickt erste Erzählungen an Zeitungen. Welche Freude, als die FAZ eine druckt. Vielleicht doch Schriftstellerin? Mit ungeschönt realistischem Blick die Verlogenheit dieser Gesellschaft offen legen. Sie lernt einen jungen Mann kennen, er kommt von »drüben«, aus der »Zone«. Auch er kann schreiben. Sie machen Pläne, schreiben gemeinsam eine Geschichte, lassen sie drucken: *Tiboll – Lebenslauf eines erstaunlichen Mannes*. Auch Klaus ist ein erstaunlicher Mann. Vielleicht ist er ihr Retter, ihr Retter aus den Zwängen dieser engen, kleinbürgerlichen Welt. Sie heiraten, Gisela bekommt ein Kind, einen Sohn. Doch die Rettung aus den Zwängen ist das nicht. Im Gegenteil, sie fühlt sich nun noch eingeengter und unfreier, hat kaum noch Luft zum Atmen. Sie erträgt das nicht. Nur weg von hier! Sie geht nach Wien.

Sie studiert Philosophie, Germanistik und Theaterwissenschaften. Ihre Kurzgeschichten hat sie mitgenommen. Nun hat sie mehr Zeit zum Schreiben. Aus den Kurzgeschichten werden Erzählungen, Berichte. Detailgenau, mit fotografischem Blick. Sie beschreibt die Schrecken des Alltagslebens einer bürgerlichen Familie, keine großen Katastrophen, die kleinen dafür umso bissiger. Und in die Realismen hinein mischt sie Fantastisch-Absurdes. Kafkaeske Szenarien entwirft sie, ein Buch entsteht daraus.

1962. Jahrestreffen der Gruppe 47. Hans Werner Richter hat gerufen und alle sind gekommen. Junge begabte Autoren. Günter Grass, Martin Walser, Heinrich Böll und viele andere. Einer liest vor, die anderen kritisieren. Der Autor muss dann zuhören, darf auf die Kritik nichts erwidern. Ein Ritual. Gespannt wartet man auf Neues und darauf, ob dieses Jahr der Preis verliehen wird. Ein Preis der Gruppe 47 ist der Einstieg in eine literarische Karriere. Eine junge Frau geht nach vorne. Kaum einer kennt sie. Sie fängt an zu lesen. Was sie liest, ist neu. So etwas ist noch nicht da gewesen. Das Neue provoziert, fordert heraus und begeistert die zuhörenden Dichter. Wer ist diese junge Frau? Gisela Elsner heißt sie, aus Nürnberg. Wohnt jetzt in Wien, fünfundzwanzig Jahre ist sie erst. Sie bekommt den Preis der Gruppe.

Auch die Verleger waren bei dem Treffen dabei. Einer weiß sofort: Die Frau muss zu uns! In Reinbek bei Hamburg beim Rowohlt-Verlag werden Gespräche geführt, Gisela Elsner fühlt sich gut aufgehoben. Viele politische Freunde lassen ihre Bücher dort machen. Die Gespräche mit ihrem Verleger und mit den Lektoren, auch Streitgespräche, knüpfen das Band fester. Vielleicht der Anfang einer neuen Heimat?

Das Buch ist fertig. *Die Riesenzwerge. Ein Beitrag*, nennt sie es. Im April 1964 wird die erste Auflage gedruckt. Viertausend Exemplare liegen in Deutschlands Buchhandlungen, sie sind bald vergriffen. Alle größeren Zeitungen berichten über das Buch. Manche sind entsetzt. Gerade sind die Wunden des Krieges halbwegs verheilt, haben sie in Deutschland wieder etwas Wohlstand geschaffen, da kommt diese junge Frau mit ihrem unbarmherzigen Blick daher und will das alles schlecht machen! Andere Kritiker sind begeistert. Endlich ein aufrichtiges Stück Literatur, eines, das nicht erbauen, sondern aufrütteln soll. Gisela Elsner polarisiert. Und sie wird ein Star. Noch im Juli werden dreitausend Exemplare nachgedruckt.

Sie führt ein unstetes Leben. Ein Leben in den Metropolen. Wien, London, Paris, New York, Frankfurt und Hamburg. Nur nicht zurück in die Provinz! Nur nicht den Küchengeruch der Heimat. Neue Bücher entstehen, böse Bücher, Bücher über die Verrücktheiten der bürgerlichen Welt, ihre Ehekriege, ihren Konsumterror, ihr grausames Modediktat. Sie kämpft gegen die Gefahr, selbst eine ihrer Romanfiguren zu werden. Feste Beziehungen meidet sie, löst sie schnell wieder. Alte Ängste brechen auf. Beobachtet man sie nicht heimlich? Hat der Überwachungsstaat nicht schon seine Spitzel ausgeschickt? Ist da nicht jemand heimlich in ihrer Wohnung gewesen, hatte sie die Zeitung nicht auf den Tisch gelegt? Sie stilisiert ihr Äußeres, trägt eine schwarze Perücke, versteckt sich hinter einer dunklen Sonnenbrille. Auffallend blass ist ihr Gesicht. Wie Kleopatra sieht sie aus, spötteln manche heimlich, so schön und doch so unnahbar.

1970. Ein neues Buch. *Das Berührungsverbot.* Gisela Elsner hat gründlich dafür recherchiert. Die bigotte Sexualmoral, die dumpfen, verklemmten Praktiken unter dem Deckmäntelchen der angeblichen neuen Freiheiten will sie outen. Sexuelle Befreiung, sexuelle Revolution? Alles Lüge! Sie will die Lügen entlarven, schreibt ungehemmt und ohne Rücksichten. Das Buch wird ein Skandal. Es kommt auf den Index, in der Schweiz und in Österreich wird es konfisziert. Pornografie sei das. Pornografie! Es sollte doch genau das Gegenteil sein. Eine Anklage dagegen sollte es sein.

Um Gisela Elsner wird es einsamer. Die Freiheit hat ihren Preis, der Preis ist die Kälte. Sie reagiert nun gereizter, immer empfindlicher. Auch das Verhältnis zu ihrem Verlag wird schwieriger. Gisela Elsner ist enttäuscht. Was haben ihre Bücher schon erreichen können? Alles geht so weiter wie immer. Sie beschließt, sich politisch zu engagieren. Ihre Heimat hat keinen Orts- oder Ländernamen. Ihre Heimat ist die Welt der Ideen. Aber Ideen wärmen nicht und so tritt sie in die DKP ein. Die Genossen freuen sich und nehmen sie gerne bei sich auf. Ein prominentes Parteimitglied ist gut zu gebrauchen. Gisela Elsner lernt die Partei und ihre Strukturen kennen. Sie ernüchtert schnell. Wie kleinkariert es da zugeht – die gleichen Querelen und Intrigen wie überall. Wo bleibt der Idealismus, wo ist die Begeisterung? Auch hier nur Bürokratie und Postengeschacher. Und Phrasen, nichts als Phrasen! Das soll Kommunismus sein? Enttäuscht tritt sie wieder aus.

Wohin nun? Wenn es ihr gar zu schlecht geht, fährt sie heim zu den Eltern nach Nürnberg. Zum Aufwärmen. Aber sie hält es dort nicht lange aus. Sie findet einen Kompromiss zwischen Distanz und Nähe und geht nach München. Ihr Verhältnis zum Verlag wird jetzt noch schwieriger. Die Verkaufszahlen ihrer letzten Bücher stimmen nicht mehr. Es kommt zum Streit. Der Verlag zieht die Konsequenz und trennt sich von Gisela Elsner. Wo soll sie nun publizieren? Es kommt noch schlimmer. Die restlichen Bestände werden zu Spottpreisen auf den Markt geworfen. Für ein paar Pfennige kann man sie neben minderwertiger Ware an den Wühltischen vor den Buchhandlungen kaufen. Verramschung nennt man das, man verramscht ihre Bücher!

Gisela Elsner erträgt es nicht länger. Alle Hoffnungen haben getrogen, eine Heimat hat sie keine mehr. Sie hat keines ihrer Ziele erreicht. Was bleibt denn noch, was bleibt denn noch von ihr? Eine letzte Auszeichnung wird ihr verliehen, der Preis ihrer Heimatstadt Nürnberg. Die Reden kommen ihr vor wie ein Abgesang. Sie muss an das Jahr 1962 zurückdenken, als sie ihre erste Auszeichnung bekam. Welches Glücksgefühl war das gewesen! Nun nur noch Müdigkeit. Ihr ist Elend zumute. Wieder in München, zieht sie Bilanz, die Bilanz ihres Lebens. Nüchtern, unerbittlich, schonungslos, so, wie sie schreibt. Nur eine Tür bleibt ihr noch, die letzte.

Begraben wurde sie auf dem Nürnberger Westfriedhof. In einer ihrer letzten Erzählungen hatte sie ihre Bestattung beschrieben und einen heißen Tag dafür ausgesucht. Wer auf meiner Beerdigung keine Tränen vergießen kann, schrieb Gisela Elsner, der soll wenigstens schwitzen.

Hans Sachs in Liebesnöten

Das Wandern war nicht sein Ding. Seit zwei Jahren war er nun schon unterwegs, aber an die elend langen Wege hatte er sich nicht gewöhnen können. Allein die Strecke von seiner schönen Heimatstadt Nürnberg hinaus nach Regensburg. Wie hatte sich der Weg hingezogen! Später war er dann mit der Donau abwärts gewandert über Straubing und Passau nach Österreich. Entlang des Flusstals hatte es wenigstens keine Steigungen gegeben. Dann aber war er durch die Alpen marschiert, was eine üble Plackerei gewesen war. Schließlich war er in Salzburg gelandet, wo er einen längeren Aufenthalt gemacht hatte. Jetzt war er auf dem Weg nach München.

»Ein ungewanderter Gesell ist wie ein ungeschmalztes Kraut: Beides ist nichts wert!«, mit solchen Sprüchen hatte man versucht, ihm die Wanderzeit schmackhaft zu machen. Hans Sachs setzte sich seufzend auf einen Stein und zog seine Socken aus. Schon wieder hatte er sich Blasen gelaufen. Er band sich ein Tuch um die Fersen. Zugegeben, es hatte manches zu entdecken gegeben. Auch hatten ihn viele Meister freundlich aufgenommen und er hatte einiges dazugelernt, in Passau etwa eine neue Technik, um Feuereimer zu nähen, oder jetzt in Salzburg den modischen Schnitt für Frauenschuhe nach höfischer Art. Aber Wanderschuhe, die keine Blasen machten, die hatte leider noch keiner erfunden. Ach, die elende Wanderei! Man hatte ihm in Salzburg geraten, auf dem Weg nach München noch einen kleinen Abstecher nach Innsbruck zu machen. Kleiner Abstecher! Prompt hatte er sich verlaufen. Sosehr er sich damals auf dem Weg nach Passau über den Anblick der hohen Berge gefreut hatte, sosehr schimpfte er nun über die anstrengenden Steigungen. Zum Teil lag noch Schnee und Eis auf den Nordhängen und er kam nur mühsam voran. Die Wanderungen wären ihm noch länger vorgekommen, wenn er nicht ein gutes Mittel gefunden hätte, sich die Zeit zu verkürzen. Er hatte zu dichten begonnen. Während er so dahinschritt, dichtete er und sang. Während seiner zweijährigen Schusterlehre in Nürnberg hatte ihn der Leinenweber Lienhard Nunnenbeck in die Künste des Meistersanges eingeführt. Jetzt fing er an, eigene Texte zu den vorgegebenen Melodien zu erfinden, und er merkte, dass ihm das nicht schwer fiel. Er spürte, wie der Gesang sein Herz befreite und ihn die schmerzenden Blasen vergessen ließ.

Hans Sachs sah sich um. Die Alpen lagen nun hinter ihm, Gott sei Dank. München sei von hier in einem Tagesmarsch zu erreichen, hatte ihm ein entgegenkommender Schneidergeselle gesagt und ihm fröhlich einen guten Tag gewünscht. Die Hälfte der Tageswanderung war geschafft, aber von München war noch nichts zu sehen. Nun, München war natürlich mit seinem Nürnberg verglichen nur ein kleines, unbedeutendes Städtchen. Und so eine markante hochgelegene Burg, die einen schon von der Ferne grüßte, besaß es auch nicht. Hans Sachs griff in seinen Ranzen und zählte seine Pfennige. Es sah schlecht aus. Wie sollte er mit dem bisschen Geld seine Herberge bezahlen?

Hans Sachs zog die Schuhe wieder vorsichtig über seine Füße und humpelte so gut es ging weiter. Als die Sonne gerade unterging, lag München vor ihm. Am Isarufer hatten große Flöße festgemacht und eine Brücke über den Fluss führte zu einem weiten Stadttor. Doch nicht ganz so armselig, wie ich mir das vorgestellt hatte, dachte sich der Schustergeselle. Acht oder neun Kirchtürme konnte er zählen und einen mächtigen Doppelturm in der Mitte. Aber dennoch, kein Vergleich mit dem stolzen Nürnberg.

Hans Sachs fragte den Torwächter nach einer Herberge. Müde, aber glücklich, den Weg endlich hinter sich zu haben, klopfte er an eine Herbergstür. Eine freundliche Wirtin öffnete ihm. Als er erklärte, dass er kein Geld mehr habe und sich erst welches verdienen müsste, gab sie sich mit seinem Rock als Pfand zufrieden und als er nach der örtlichen Singschule fragte und sich als Sänger zu erkennen gab, da lachte sie und sagte keck, dass er seinen Rock erst wiederbekäme, wenn er ihr ein Lied gedichtet habe.

Am nächsten Morgen klopfte er bei einem Schuhmacher an. Der Meister freute sich über den Gesellen aus Nürnberg. Schließlich war Nürnberg neben Köln und Augsburg die bedeutendste Stadt in Deutschland und die Nürnberger Handwerker waren bekannt für ihre gute Arbeit. So wurden sie sich schnell einig. Sie unterhielten sich auch über die Singschule und der Meister nahm ihn gleich am nächsten Tag mit, um ihn den anderen Sängern vorzustellen. Gespannt verlangten diese gleich eine Probe seiner Kunst und sie staunten nicht schlecht, wie korrekt und sauber der junge Geselle seine Weisen vorzutragen verstand. Hans Sachs stieg schnell auf in der Hierarchie der Sänger und hielt schon bald eine eigene Schule ab.

Auch in der Werkstatt gefiel es ihm immer besser und das hatte einen besonderen Grund. Der Meister hatte eine Tochter, ein junges, hübsches Mädchen mit braunen Haaren und lebhaften Augen. Meist hielt sie sich in der Wohnung auf, aber hin und wieder besuchte sie auch die Werkstatt, immer ein munteres Wort auf den Lippen. Gelegentlich trug sie die fertigen Schuhe aus oder brachte einen Krug Wasser für die durstigen Gesellen. War der Meister nicht anwesend, so scherzten die anderen Gesellen mit ihr. Einmal trieben sie es zu weit dabei, sodass Lenchen Angst bekam und davonlaufen wollte. Da trat Hans Sachs dazwischen und verwies die beiden anderen in ihre Schranken, was diese sich nur brummend gefallen ließen. Lenchen aber schaute Hans dankbar an und schenkte ihm ein Lächeln. So hatte ihn noch keine angeblickt und Hans blieb verdattert stehen.

Immer öfter fand Lenchen nun einen Grund, in der Werkstatt vorbeizuschauen. Einmal ließ sie sich im Scherz das Maß von ihm nehmen und Hans war entzückt über ihre schlanken, feinen Füße. Er merkte, wie sich etwas in ihm zu verändern begann und ihm fröhlicher zumute wurde. Immer neue Lieder stiegen in ihm auf, neue Melodien, neue Verse und die Texte, die ihm durch den Kopf gingen, hatten nichts mit den religiösen Themen des Meistersanges zu tun. *Dass also zweierlei Gemüt, vereint in der Liebe glüht, so fing mein Liebesfeuer an!* – Immer vertrauter wurde ihr Verhältnis, der Meister schien es nicht zu merken. Oder war ihm der junge Geselle, der so schöne Lieder sang, auch ans Herz gewachsen?

Nach Nürnberg sehnte sich Hans Sachs nicht mehr zurück, das Leben hier in München gefiel ihm gar zu gut. Das Leben? Lenchen war's, sein Lenchen! Sie wollte er besitzen und ganz für sich alleine haben. Vom Vater, dem wohlhabenden Schneidermeister, kamen erste Briefe: »Wo steckst du? Was treibst du so lange in München? Du musst endlich weiterwandern!« – Hans merkte, dass er sich erklären musste. Er griff zur Feder und schrieb dem Vater einen Brief: »Lieber Vater, in München will ich bleiben, hier habe ich mein Glück gefunden. Lenchen heißt sie. Wenn du sie sehen könntest! Sie ist das lieblichste Kind unter der Sonne! Es ist mir ernst. Heiraten will ich sie, und zwar bald. Gib uns deinen Segen!«

Aber der väterliche Segen blieb aus. Stattdessen kam ein geharnischter Brief aus Nürnberg: »Hans, mein Sohn, was hast du für Flausen im Kopf! Weißt du nicht, was die Vorschrift besagt? Ein Geselle, der sich vor Ablauf seiner vorgeschriebenen Wanderzeit verheiratet, verliert sein Meisterrecht! Komm zurück nach Nürnberg, und zwar augenblicklich!«

Bitterlich weinte Hans beim Lesen dieser Zeilen. Nein, er würde dem Vater nicht gehorchen, das schwor er sich. Er würde doch sein Lenchen nicht alleine lassen, sein Lenchen, sein Lebensglück! Nein, um alles in der Welt, das konnte sein Vater nicht von ihm verlangen! – Und doch hatte der Vater natürlich Recht, grausamerweise hatte er Recht. Auf ewig würde er ein kleiner Geselle bleiben müssen, eine Familie würde er nicht ernähren können. Welch ungerechte Vorschriften! Seufzend packte er sein Bündel, in aller Früh verließ er die Stadt.

So schwer war ihm noch kein Weg gefallen, er wagte es nicht einmal sich umzudrehen. Die Traurigkeit war groß, riesengroß. Das größte Glück seines Lebens – er musste es zurücklassen, durfte es nicht genießen! Ach Lenchen, lebe wohl! Er wanderte Richtung Norden, Richtung Nürnberg. Es war ein warmer Frühlingstag. Gegen Mittag kam er zu einer Mühle. Ein helles Bächlein plätscherte daran vorbei. Er folgte dem lustigen Wasser und kam zu einer Maienwiese, die von blühenden Haselbäumchen umstanden war. Hans beschloss, ein wenig auszuruhen, legte sich im Schatten nieder und fiel bald in einen tiefen Schlaf.

Nicht lange, da träumte er von seinem Lenchen. Sie steht mit verweintem Gesicht am Stadttor und winkt ihm nach. »Komm zurück, lieber Hans«, ruft sie ihm zu, »komm zurück zu mir! Nimm mich in deine Arme und halt mich ganz fest, ich will auch immer bei dir bleiben! Was kümmern uns Ruhm und Geld? Wir haben doch uns, uns und unsere Liebe! Was fehlt uns denn? Komm und sag es mir!« – Hans hält inne, will im Traume zurücklaufen, sein Lenchen in die Arme schließen, ihre Lippen mit Küssen bedecken. Da stellt sich ihm mit einem Mal eine Frau in den Weg, sie ist von hoher, stolzer Gestalt. Hans hat sie noch nie gesehen und kennt doch ihren Namen. Frau Ehre ist es, Frau Ehre höchstpersönlich! Was will sie von ihm? Warum versperrt sie ihm den Weg?

Sie schaut ihn streng, aber freundlich an, bietet ihm die Hand und fragt ihn dann mit sanfter Stimme: »Hans, wie kommt es, dass du so traurig bist?«

»Ach«, erwidert Hans, »mein Liebstes habe ich zurücklassen müssen, mein Lenchen. Nun hat meines Herzens Freud ein End. Mir ist's, als müsste mir das Herz zerspringen vor lauter Leid!«

Da spricht Frau Ehre: »Hans, du solltest fröhlich sein! Wie sagt doch Sophokles? Sei froh, dass du die

Liebe, mit der du so schwer beladen warst, endlich los bist. Welch gefährlichen Schaden hätte sie dir bringen können!«

Hans erschrickt. »Wenn denn die Liebe so bös ist, wie du sagst, warum hast du mich dann nicht früher vor ihr gewarnt?«

Frau Ehre blickt ihn nun streng an: »Anfangs habe ich dich sehr wohl vor ihr und ihren Begierden gewarnt. Aber du wolltest ja nicht hören! Bist lieber auf den Pfaden der unehrlichen Liebe weitergewandert.«

Empört antwortet Hans: »Unehrlich nennst du unsere Liebe? So sag mir doch, warum?«

»Das weißt du, Hans, doch recht genau. Du hast es doch selber erfahren!«

»Und was soll dann, Frau Ehre, eine ehrliche Liebe sein?«

»Wenn Lieb und Leid zusammenkommen im Stande der Ehe und sich die Treue halten in Wohl und Wehe, so wie es Gott geordnet hat, bei einer solchen Liebe bin ich zu Haus!«

Hans zuckt zusammen und spricht: »Das Glück gab uns nicht die Gunst, uns ehelich zu verbinden, sosehr mein Herz sich das auch gewünscht hat. Sie war schon einem anderen versprochen.«

»So hat sie wegen dir ihrem Bräutigam die Treue gebrochen!«

»Nein, nein, Frau Ehre! Zum Werk der Liebe sind wir nicht gekommen!«

Frau Ehre muss heimlich lächeln und spricht sanfter: »Verrate mir, warum hast du dich in das Mädchen verliebt? Hat dich ihre Tugend dazu gezwungen, denn nur die Tugend wäre es ja wohl wert!«

Hans überlegt. »Wahrhaftig ist sie, treu, sinnreich und still, sonst hat sie der Tugend nicht so viel. Etwas wankelmütig ist ihr Sinn und macht sich viele Sorgen Tag und Nacht.«

»Wie konntest du aber einen Menschen lieben, der nicht voller Tugend ist? Vielleicht wurde deine Jugend durch ihr hübsches Gesicht verführt?«

»Nein, nein!«, wehrt Hans entschieden ab, »ihre Schönheit ist von anderer Natur. Und doch war sie mir die Liebste von allen, die Liebste, die ich in meinem Leben je gesehen!«

Frau Ehre kneift bei diesen Worten die Augen zusammen und sieht Hans scharf an: »Vielleicht hat sie es ja verstanden, durch Geschenke und Gaben deine Liebe zu gewinnen?«

»Nein, Frau Ehre, wo denkt sie hin!«, muss Hans nun beinah lachen. »Aus ihrer Hand habe ich kein einziges Geschenk empfangen! Im Gegenteil: Ich war's, der ihr täglich ein kleines Geschenk brachte.«

»Nun merk ich klar, dass sie dich nur so weit geliebt, wie deine Gaben reichten. Hättest du ihr deine leere Hand hingehalten, so wäre sie dir davongelaufen. Was hast du nur für sie übrig haben können!«

Hans sieht versonnen zu den Wolken empor. »Sie

konnte lieben! Ja, sie liebte mich so arg! Ihre Liebe war stärker als die meine. Zwar versuchte sie, ihre Liebe zu verbergen, aber ich spürte sie nur zu genau.«

»Ach was«, ruft Frau Ehre, »geschmeichelt wird sie dir haben, mit Worten schön getan! Und du hast es mit Liebe verwechselt!«

»Aber nein, Frau Ehre! Sie schmeichelte mir keineswegs! Im Gegenteil: Streng sprach sie stets mit mir.«

»Sei's gewesen, wie es sei. Verrate mir Hans, wie das Ganze mit euch angefangen hat.«

»Ach, da könnte ich lange von sprechen! Ich habe sie beschützt vor den frechen Gesellenbrüdern, da hat sie mich so dankbar angeblickt und das Feuer der Liebe brannte in uns beiden plötzlich lichterloh! So ging das los mit uns, doch war dies nur der äußere Anlass gewesen, der eigentliche Grund liegt wohl tiefer. Jedenfalls brannten wir bald in der Liebe Glut.«

»Du redest recht davon, wenn du sagst, die Liebe täte brennen. Petrarch tat's auch so nennen! Die Liebe ist ein verborgenes Feuer, ein lieblich-scheußlich Ungeheuer, vergiftete Süßbittrigkeit und eine ergötzliche Krankheit. Wiewohl in der Liebe meintest du, ein köstliches Leben gehabt zu haben!«

Bei diesen Worten wird Hans sehr nachdenklich. »Frau Ehre, du hast wohl Recht, oft verwandelt sich die Liebe in Traurigkeit. Manches liegt in der Liebe verborgen: Gefährlichkeit, Mühe, Angst und Sorgen.

Jedoch du auch bedenken musst, die überschwängliche Wollust, die süß macht alles bittere Leiden!«

Frau Ehre verzieht säuerlich den Mund. »Archytas spricht: Kein schädlicheres Gift in dieser Welt, als wenn die Wollust regiert dein Herz. Denn aus der Wollust Brunnen, kommt alles Unheil hervorgequollen.«

»Aber, Frau Ehre, die Wollust ist das Höchste auf Erden! Epikur nennt sie die Seligkeit selbst. Und du nennst sie ein schädlich Gift?«

»Hör zu, was Diogenes dazu sagt: Ein Mensch, der sein Herz auf Wollust setzt, meint, er habe die Wollust besessen. Stattdessen aber hat ihn die Wollust gefressen, verzehrt, gefangen und gebunden. Was nützen ihm nun all die schönen Stunden? Welches Lob kannst du der Wollust nun noch singen?«

»Wollust erhält mein Leben! Ovid, der lobet sie gar sehr, sie ist die Quelle aller Freuden!«

»So hör, was Sokrates dazu sagt: Nichts Groberes als Wollust und Begier, denn die empfindet selbst das wilde Tier!«

»Wollust lass ich mir nicht verleiden, auch nicht durch deine alten Heiden!«

»So höre, was Aristoteles spricht: Wollust sollen wir sehen an, wenn sie vorbeigegangen ist. Wenn sie uns bereitet hat ein verderbliches End', uns lässt in Angst und Elend, nie hätten wir uns dann auf sie eingelassen!«

»Auch Platon, der göttliche Poet, hatte in der Buhlerei seine Wollust! Auch Anisippus und andere mehr! So schädlich kann die Wollust dann doch nicht sein!«

»Sie wurden gefangen wie du, verblendet und betrogen! Die Triebe haben dein Gemüt entzückt, nun tobt und wütet es in dir! Deine Liebschaft hat dir dein Gewissen krank gemacht, sodass alle Tugend von dir gewichen ist und sich solch viele Laster zu dir schleichen konnten. In einer solchen Liebe brennst du jetzt, dass du dein eigen Elend nicht erkennst! Und tust dich selbst noch selig nennen!«

Hans senkt den Blick und nach einer kleinen Pause sagt er leiser: »Ich muss erkennen, dass es so ist, wie du sagst. Ich bitte dich, hilf mir, wenn du magst! Gib mir eine heilsam' Arznei, die mich von der Tyrannei der Liebe wieder machet frei!«

Milder gestimmt antwortet ihm Frau Ehre: »Zunächst bitte den lieben Gott, dass er dir deine Liebe verzeih', dich weiter stärk' und Gnad' verleih'. Meide Anblick, Gedanken und Wort der Geliebten an jedem Ort. Halte vor ihr Ohren und Augen zu, den Müßiggang sollst fliehen du. Flieh des Weibsbilds gefährlicher Wohnung, sonst gibt sie dir wieder manch böse Belohnung. Gelegenheit macht Diebe! Drum meide solche Liebe! So bekommst du wieder deine Ruh' und die deines Gewissens dazu. Und wenn du kommst in den Hafen der Ehe, so lieb nur

146

die eine, sonst wehe, wehe! Und hältst du dich an meinen Rat, so bleib ich bei dir. Und denkst du zurück an die unselige Zeit, so wirst du Dankbarkeit verspüren und dich erinnern, wie Frau Ehre von deinen Füßen die Ketten gelöst hat, die dich so schwer gebunden hatten. Werf sie nur von dir, dass es kracht!«

In diesem Moment erwachte Hans. Die Sonne war am Himmel weitergewandert und mit ihr auch der Schatten des Baumes, unter dem er lag. Was war geschehen, wovon hatte er geträumt? Fröhlicher war ihm ums Herz, leichter fühlte er sich, unbeschwerter. Munter schritt er nun voran und dachte sich dabei: Warum habe ich nicht schon längst der Liebe Unruh, Angst und Sorge von mir geworfen? Hab so viel Zeit mit ihr verloren und nur den Zorn des Herrn auf mich beschworen! Den bitt ich jetzt um seine Gnaden und dank ihm, dass vor großem Schaden er mich grad noch behütet hat!

Wer schrieb Nürnbergs schönstes Gedicht?

Sie setzte sich jetzt immer in eine der vorderen Reihen. Er war aber auch einfach zu süß! Das heißt, süß war nicht der richtige Begriff. Er hatte im Grunde nichts Süßliches an sich. Im Gegenteil, er wirkte eher herb, herb und etwas herablassend. Manche hielten ihn für arrogant. Martina etwa. Dabei störte es Martina doch nur, dass Grabisch sie nicht beachtete. Martina war ebenfalls scharf auf ihn, davon war sie überzeugt! Wie sie sich immer aufstylte, wo sie doch sonst so mausgrau und unauffällig herumlief. Und wie sie nach der Vorlesung regelmäßig zu ihm nach vorne lief, um noch eine ganz wichtige Frage zu stellen, und sich dabei durch die Haare fuhr. Einfach peinlich! Ansonsten war Martina schon okay, aber hier übertrieb sie's einfach. Zumal sie bei Grabisch eh keine Chance hatte.

Ach, Susanne seufzte, wenn er doch heute wieder in ihre Richtung blicken würde! Bei der letzten Vorlesung hatte er das drei Mal getan, das konnte kein Zufall sein. Sie hatte sich deshalb auch heute wieder für das apricotfarbene Trägerkleidchen entschieden. Und zum Friseur war sie noch gegangen und hatte sich dezente helle Strähnchen in die dunkelblonden Haare machen lassen. Hundertsiebenunddreißig Euro hatte das gekostet! Hammerpreise waren das hier in Erlangen.

Aber was soll's! – Er sah wirklich unverschämt gut aus. Wie alt mochte er sein? Höchstens Anfang dreißig, schätzte sie. Für einen Geisteswissenschaftler hatte er einen auffallend gut gebauten Körper, direkt athletisch. Bestimmt besuchte er das Fitnessstudio oder ging regelmäßig schwimmen. Susanne stellte sich vor, wie er sich kraftvoll vom Sprungbrett abstieß, um in einem eleganten Bogen tief in das Wasser einzutauchen. Über diese Vorstellung musste sie lächeln. Studentin der Germanistik und dann so einen primitiven Geschmack, was Männer betraf! Sie schämte sich ein wenig, wenn ihre Freundinnen von reifen Männern mit Charakter schwärmten. Ihre Scham hielt sich jedoch in Grenzen, im Grunde war es ihr egal. Ihr Männerideal entsprach genau dem Klischee. Jung und groß gewachsen, breite Schultern, schmale Hüften, männlich-markanter Gesamteindruck, eben vital, selbstbewusst und unwiderstehlich. Ja, sie war diesbezüglich schon reichlich einfach gestrickt, und niemals hätte sie gedacht, hier in Erlangen einen Dozenten zu bekommen, der diesen Vorstellungen so exakt entsprach.

Nachdem die Beziehung zu Jan in die Brüche gegangen war, hatte sie Tübingen den Rücken gekehrt und sich zum Sommersemester in Erlangen eingeschrieben. Für Erlangen hatte sie sich weniger wegen des guten Rufes der dortigen Germanistik entschieden, als wegen ihrer Freundin Beatrice. Beatrice war jetzt genau die, die sie brauchte, um auf andere Gedanken zu kommen. Sie kannten sich schon von der Schule und hatten zusammen das Abitur gemacht, danach hatten sich ihre Wege getrennt. Beatrice war mit ihrem Freund Rainer, der Jura studierte, nach Erlangen gegangen, während sie in Tübingen geblieben war, Jan zuliebe, wie sie jetzt bitter feststellen musste. Jan hatte ebenfalls ihrem Idealbild entsprochen und obwohl es dann immer häufiger Streit gegeben hatte, hatten sie sich erotisch bis zuletzt sehr gut verstanden. Susanne seufzte.

Letztlich war alles wegen seiner Beziehungsängste in die Brüche gegangen. Immer öfter war es vorgekommen, dass er sich tagelang nicht hatte blicken lassen. Zunächst hatte sie die Schuld bei sich gesucht, wie sie es schon als Kind gelernt hatte, und hatte nächtelang darüber nachgegrübelt, was sie wohl falsch gemacht hatte. Schließlich aber hatte sie gemerkt, dass der tiefere Grund ein anderer war, nämlich Jans übergroße Angst davor, seine Freiheiten zu verlieren. Sie hatte das zunächst nicht verstehen können, denn sie hatte nun wirklich nichts Besitzergreifendes an sich. Nach langem Hin und Her hatte sie dann die Konsequenzen gezogen und sich getrennt. Zwar schrieben sie sich dann und wann noch eine SMS, aber die Sache war gelaufen.

Hier in Erlangen wollte sie sich jetzt ganz auf das Studium konzentrieren. Ja, sie hatte sogar vor, neben dem Magister auch das Staatsexamen zu machen. Und nun war sie gleich in der zweiten Vorlesung Till Grabisch begegnet. Sein Schwerpunkt war Lyrik. Er konnte sich für Gedichte regelrecht begeistern und wiederholte sie oft mehrmals mit sonorer Stimme:

>*Schon starb der Tag. Der Wald war zauberhaft,
und unter Farren bluteten Zyklamen,
die hohen Tannen glühten Schaft bei Schaft,
es war ein Wind – und schwere Düfte kamen.*

Achtet auf den Klang!«, rief er dabei, »schließt die Augen und achtet nur auf den Klang!« – Nachdem sie alle die Augen geschlossen hatten, wiederholte er die Verse und ließ sie die Augen noch einen Augenblick geschlossen halten. Dann forderte er sie auf, ihm zu schildern, wie das Gedicht auf sie gewirkt habe. Martina hatte sich gleich lebhaft gemeldet und wollte eifrig über Rhythmus und Reimform berichten, als Grabisch sie etwas barsch unterbrach. »Nicht das ist es, worauf ihr hören solltet. Schaltet ruhig einmal das Gehirn ab. Denken sollt ihr nicht, fühlen sollt ihr. Gedichte muss man erspüren, mit den Sinnen wahrnehmen. Das ist das Erste, was ihr hier lernen sollt, alles andere kommt später.« Und nochmals ließ er sie die Augen schließen und begann erneut, mit seiner kräftigen, warmen Stimme zu rezitieren.

*»... es war ein Wind – und schwere Düfte kamen.
Du warst von unserm weiten Weg erschlafft,
ich sagte leise deinen süßen Namen.«*

Im Auditorium herrschte Stille. Erneut forderte Grabisch sie auf, ihm zu schildern, welche Gefühle sie beim Hören des Gedichtes empfunden hätten, welche Bilder in ihnen aufgestiegen seien. Susanne war ganz heiß geworden. Sie hatte sich in einem weißen Sommerkleid gesehen und neben sich, an ihrer Seite, sie fest in den Arm nehmend, Till Grabisch. Dabei war der Abendwind sanft durch ihre Haare gestrichen und ein leiser Vanilleduft hatte sie umgeben. Aber das konnte sie doch nicht erzählen. Martina suchte ebenfalls nach den richtigen Worten, war aber noch etwas beleidigt wegen vorhin und meldete sich diesmal nicht. Zögerlich und unsicher machte eine Kommilitonin aus einer der hinteren Bänke den Anfang. – »Ja, nur Mut!«, ermunterte sie Till Grabisch. »Sie können hier nichts Falsches sagen. Sie sitzen hier nicht in der Abiturprüfung, lassen Sie Ihren Fantasien freien Lauf!« Langsam wurden die Studentinnen mutiger, an diese Form der Vorlesung mussten sie sich erst gewöhnen. Susanne ärgerte sich über sich selbst. Warum traute sie sich nicht zu sprechen? Da fiel Till Grabischs Blick auf sie. Eine Pause entstand. Und er sprach sie an: »Und was sind Ihnen für Assoziationen gekommen?« – Susanne spürte, wie eine heftige Röte in ihr Gesicht stieg. Sie stotterte etwas von dem Abendwind in ihrem Haar und von dem leisen Vanilleduft und einige Kommilitoninnen konnten ein Lachen nicht unterdrücken. Grabisch aber lachte nicht, sondern blickte sie nur freundlich an, und um seine blauen Augen spielte ein Lächeln, als er nickte und sagte: »Vanille! Das ist es, Vanille! Erstaunlich!« – Susanne verstand in ihrer Verwirrung nicht, was er damit meinte.

Draußen wartete bereits ihre Freundin Beatrice auf sie. Sie umarmten sich und Susanne erzählte ihr gleich von dem Erlebnis. »Peinlich, nicht wahr?« – »So peinlich find' ich das nicht,« sagte Beatrice, »wart's nur ab, die Männer mögen es doch, wenn sie uns in Verlegenheit bringen können!« Susanne lachte. Vielleicht hatte Beatrice ja Recht! Martina kam an ihnen vorbei und grinste zuckersüß. »Vanille, erstaunlich!«, rief sie und verdrehte die Augen dabei. Susanne lachte ärgerlich und dachte: Blöde Schnepfe! – »Komm«, sagte Beatrice, »gehen wir ins Theatercafé.« Susanne nickte und erzählte Beatrice von der Abfuhr, die sich Martina eingehandelt hatte. »Aber deshalb braucht sie wirklich nicht gleich so zickig zu reagieren!« – »Ärger dich doch nicht, komm, erzähl mir mehr von deinem Grabisch!«, sagte Beatrice. Sie bestellten sich zwei Latte macchiato und Susanne begann zu schwärmen.

Als Till Grabisch am nächsten Tag den Hörsaal betrat, hielt er winkend etwas in der Hand. »Heute gibt's was zu gewinnen«, rief er geheimnisvoll. »Ich habe hier zwei Karten fürs Theaterfestival. Das Bayerische Staatsschauspiel bringt die Iphigenie mit Gisela Stein und Thomas Holtzmann. Den Gewinner möchte ich zu diesem Abend einladen!« Alle waren sie hellwach. Was war das jetzt? Eine Lotterie? Susanne hielt den Atem an. Till Grabisch senkte die Stimme: »Die Preisfrage lautet: Wie heißt das schönste Gedicht, das jemals in Nürnberg gedichtet worden ist?« Leises Gemurmel unter den Studentinnen. Wie meinte er das? »Wer bis Montag das schönste Gedicht findet und hier vorträgt, den darf ich ins Theater begleiten!«, sagte er und wedelte erneut mit den Karten. Das Raunen verstärkte sich. Eine hagere Studentin mit rot gefärbten Haaren und runder Nickelbrille dachte empört: Für wen hält er sich? und rief entrüstet: »Chauvi!«, erntete jedoch nur Gelächter. Susanne merkte in ihrer Verwirrung nicht, dass ihre Nachbarin sie etwas fragte. Zu unglaublich erschien ihr diese Chance! Sie musste sofort zu Beatrice und sich mit ihr beraten.

Eine Stunde später saßen sie im *Café Lorleberg* bei Latte macchiato und Susanne berichtete aufgeregt. »Mensch, Susanne, das ist doch super! Das ist deine Chance!«, fand Beatrice. Susanne sah sie jedoch zweifelnd an. »Du vergisst das Gedicht! Erst muss ich das Gedicht finden! Ich hab ja keine Ahnung, welches er meint!« – »Na, du musst halt suchen! Es wird doch wohl Gedichte über Nürnberg geben!« – »Nicht über Nürnberg! Das wäre wohl leichter. Nein, er will, dass das Gedicht in Nürnberg gedichtet worden ist!« – »Ja glaubst du, er hat da ein bestimmtes im Kopf?« – »Möglich«, Susanne rührte zerstreut in ihrem Glas, »wahrscheinlicher aber ist, dass er das Gedicht selber nicht kennt. Wahrscheinlich soll er zu diesem Thema irgendeinen Vortrag halten oder einen Artikel für eine Fachzeitschrift schreiben und da lässt er uns die Arbeit machen.« – »Ganz schön clever!«, sagte Beatrice. – »Ach, so machen sie es doch alle, was glaubst du, auf welchem Weg die Bücher der meisten Profs entstehen!« – »Ist ja auch egal, vielleicht umso besser! Dann brauchst du bloß ein Gedicht zu finden, das ihm gefällt, und schon hast du den Haupttreffer gelandet!« – »Du, Beatrice, ich muss los, ich geh gleich in die Bibliothek. Bist du heute Abend daheim?« – »Schick mir eine SMS, wahrscheinlich sind wir auf dem *Entlas-Keller*.« – »Okay, bis dann!« – »Viel Glück bei der Suche!«

Sie wusste nicht mehr, wie oft sie auf der Aluleiter die Bücherwände hinaufgeklettert war. Die Suche gestaltete sich noch schwieriger, als befürchtet. Besonders störend war, dass heute ungewohnt viele Studentinnen im Deutschen Seminar herumstöberten. Susanne erkannte mindestens zehn Studentinnen aus ihrem Semester. Keine Frage: Die Konkurrenz schlief nicht. Wie die Ameisen durchsuchten sie die Bücher nach dem schönsten Nürnberger Gedicht. Susanne war es langsam leid. Geschlagene zwei Stunden zog sie nun schon dicke alte Wälzer aus den Regalen. Zuerst hatte sie bei Hans Sachs nachgeschlagen und endlos viele Meisterlieder gelesen. Ohne Zweifel, damals vor fünfhundert Jahren mochten das echte Knüller gewesen sein, heute jedoch klang das alles reichlich verstaubt. Nein, mit Hans Sachs war bei Till Grabisch kein Blumentopf zu gewinnen. Dann waren ihr noch die Nürnberger Barockdichter eingefallen. Sie hatte auch ein paar nette Sachen gefunden, aber der echte Renner war diese Schäferlyrik auch nicht. Nein, für Till Grabisch musste es etwas anderes sein, etwas von Paul Celan vielleicht oder besser noch von Rilke. Ja, Rilke! Till Grabisch schwärmte für Rilke. Ihr wurde ganz heiß bei dieser Idee. War Rilke vielleicht einmal in Nürnberg gewesen? Susanne konnte sich nicht erinnern, davon gehört zu haben. Aber was hieß das schon? Die Biografien der Dichter waren ihr meist ziemlich gleichgültig gewesen. Sie sah in den seltsam antiquiert wirkenden, aber durchaus noch funktionsfähigen hölzernen Karteikästen nach, sich vorsichtig vergewissernd, ob ihr keiner über die Schulter schaute. Ra…, Re…, Ri…, da, Rilke! Sie notierte die Signatur auf einem Schmierzettel und eilte zu dem betreffenden Regal. Natürlich, wieder ganz oben! Sie schob die Aluleiter herbei und stieg hinauf. Schnell hatte sie gefunden, was sie suchte: eine dicke Rilke-Biografie! Sie setzte sich an einen der hinteren Tische und begann zu blättern. Die Biografie war wirklich umfangreich. Und wo Rilke überall gewesen war! Russland, Frankreich, Italien, die Schweiz … aber von Nürnberg kein Wort. »Lesereise in Deutschland« war im Anhang zweimal kursorisch vermerkt. Ob Rilke dabei auch nach Nürnberg gekommen war? Und selbst wenn er nach Nürnberg gekommen ist, ob er dort auch gedichtet hatte? Und selbst wenn er dort gedichtet hatte, ob sie herausfinden würde, welches Gedicht es gewesen war? Und selbst wenn sie auch dies noch herausfinden würde, ob es dann tatsächlich auch ein echtes Zaubergedicht sein würde? Susanne schlug resignierend das Buch wieder zu. Ihre Ausbeute war gleich null. Mutlos zog sie einen Zettel hervor, auf dem sie eines der Barockgedichte notiert hatte. Es stammte von Maria Katharina Stockfleth:

Ist nicht jetzt die Freudenzeit,
da das Feld von neuem grünet
und zur Lust den Hirten dienet
mit der Schön- und Lieblichkeit?
Da der kahlen Bäume Schar
wieder wächst ihr schönes Haar,
da die Flora Blumen streut
auf des Lenzens Jägerskleid?

Nein, sie schüttelte den Kopf, dann lieber gar nicht teilnehmen! Sie zerknüllte den Zettel. Warum war Rilke nicht nach Nürnberg gekommen? Wie könnte man herausfinden, wer sonst vielleicht in Nürnberg Station gemacht hatte? Irgendwo müsste doch darüber etwas nachzulesen sein, irgendein Nürnbergbuch, eine Stadtchronik. Genau, eine Stadtchronik! Sofort stürzte sie wieder los und blätterte im Karteikasten. Hier: Stadtchronik Nürnberg! Wieder notierte sie die Signatur. Aber sie hatte Pech. Da, wo die Stadtchronik stehen sollte, klaffte nur eine Lücke im Regal. Entliehen und nicht wieder zurückgestellt. »Mieser Trick!«, murmelte Susanne, »die Mädels kämpfen mit allen Mitteln!« In zehn Minuten schloss die Bibliothek, dann blieb ihr nur noch der Samstag. Ob ihre Ausbeute dann allerdings größer sein würde, bezweifelte Susanne im Stillen. Ihr Handy surrte. Eine SMS. Susanne zog das Handy hervor und drückte ein paar Tasten. »Komm heute um 21 Uhr in den Biergarten am Röthelheim«, erschien auf dem Display, »hab vielleicht was für dich! Beatrice.« – Beatrice! Was konnte sie damit meinen? Wieder etwas hoffnungsvoller verließ Susanne die Bibliothek.

Im Biergarten am Röthelheim herrschte Hochbetrieb. Jeder schien diese ersten warmen Frühsommertage im Freien genießen zu wollen. Suchend sah sich Susanne um. Dahinten winkte Beatrice! Rainer saß auch mit dabei. Susanne begrüßte die beiden und sah Beatrice erwartungsvoll an. »Und?« Aber Beatrice machte ein geheimnisvolles Gesicht und Rainer fragte, was sie trinken wolle. »Macht's doch nicht so spannend!«, rief Susanne, aber Beatrice bestand darauf, dass Rainer zunächst die Getränke holte. Susanne entschied sich für ein Weißbier. Es dauerte eine Weile, bis Rainer von dem dicht umlagerten Ausschank zurückkehrte, dann prosteten sie sich zu. Susanne nahm einen tiefen Zug. »Mensch, tut das gut!«, sagte sie, »ihr glaubt ja nicht, wie staubtrocken die Bibliothek ist!« – »Und, hast du das richtige Gedicht gefunden?«, fragte Beatrice. »Leider nein, ihr glaubt gar nicht, was für eine gänzlich unpoetische Stadt dieses Nürnberg ist!«, seufzte Susanne. »Na dann«, Beatrice stieß Rainer an, »vielleicht kann dir Rainer ja weiterhelfen!« – »Rainer?« Susanne lachte. »Seit wann interessierst du dich denn für Literatur?« Rainer blickte etwas beleidigt. Klar, er galt als der typische Jurastudent, aber ein Fachidiot war er sicher keiner! »Also, pass auf, Susanne. Du weißt doch, dass ich im Moment über meiner Doktorarbeit sitze.« Susanne nickte. Und dann begann ihr Rainer umständlich alles über das Thema seiner Arbeit zu erzählen. So viel verstand Susanne, dass Rainer einer rechtshistorischen Frage nachging, die sich mit der Geschichte der bayerischen Militärgerichtsbarkeit auseinander setzte. Im Rahmen seiner

Recherchen hatte er eine Entdeckung gemacht, welche vielleicht auch für Susanne nicht uninteressant sein könnte. »Ja nun schon raus damit, was hast du gefunden?«, fragte Susanne jetzt ungeduldig. »Ich nenne nur einen Namen«, sagte Rainer geheimnisvoll: »Platen!« – »Platen?« Susanne war enttäuscht. »August Graf von Platen?« Rainer nickte. Susanne nahm noch einen Schluck Weißbier. Platen. Ob ihr dieser Hinweis weiterhalf? Aber immerhin, sie könnte ja einmal nachschauen. Was hatte sie schon zu verlieren?

Am nächsten Morgen war sie wieder im Deutschen Seminar und stieg auf den Leitern herum. Wieder zog sie ein Buch hervor, wieder war es eine Biografie. Und was für eine! Ein echtes Schwergewicht! Wer um alles in der Welt hatte zu Platen so viel zusammentragen können? Der Autor hatte wirklich gründliche Arbeit geleistet. Macht nichts, davon konnte sie nur profitieren. Sie begann zu lesen. Erst las sie gelangweilt und ohne große Hoffnung, plötzlich aber saß sie kerzengerade an ihrem Tisch! Das war's! Das war das Gedicht, nach dem sie gesucht hatte! Volltreffer! Fast hätte sie vor Freude in die Hände geklatscht. Sie hatte das Gedicht gefunden! Damit musste sie gewinnen, das Gedicht war kaum zu übertreffen! Sie las es erneut. Die ersten Zeilen kamen ihr vertraut vor. Hatte sie das Gedicht schon einmal gehört? Sie konnte sich nicht mehr genau erinnern. Egal, dachte sie, Till Grabisch wird Augen machen! Schnell machte sie ein paar Kopien und stellte das Buch zurück. Dann verließ sie fröhlich pfeifend die Bibliothek, sodass der alte Bibliothekar ihr verwundert über seine Brille hinterherschaute.

Als sie am Montagmorgen im Hörsaal saßen, war die Anspannung mit den Händen greifbar. Fast alle Plätze waren belegt. Auch aus den älteren Semestern waren sie gekommen, die Aktion schien sich herumgesprochen zu haben. Susanne schielte hinüber zu Martina. Diese las angestrengt ein Blatt, das vor ihr lag. Dann ging die Hörsaaltür auf und Till Grabisch kam herein, im hellen Leinenanzug, die Krawatte lässig gebunden. Auch er schien sich auf diese Vorlesung zu freuen. Er lehnte sich bequem an das Pult und sich die Hände reibend schaute er im Saal umher. Dann steigerte er die Spannung noch, indem er das Licht im Auditorium herunterdimmen ließ, sodass nur noch ein Spot auf das Katheder fiel. Alle Geräusche verstummten. Dann forderte er mit gedämpfter Stimme alle Studierenden, die ein Gedicht vortragen wollten, auf, nach vorne zu kommen und auf den Klappstühlen vor der ersten Reihe Platz zu nehmen. Zögerlich kam Bewegung in den Hörsaal und schließlich saßen zwölf Studentinnen vor Till Grabisch auf den Klappstühlen. Dieser trat mit einer eleganten Bewegung beiseite und machte zum Pult hin eine einladende Bewegung. »Ich darf die erste

Dame bitten!« Eine junge Studentin, die aussah wie eine Schülerin aus der zehnten Klasse, trat ruhig nach vorne und setzte sich die Brille auf: »*Lied des Irenian aus Sigmund von Birkens Tragikkomödie Margensis oder Das vergnügte, bekriegte und wiederbefriedete Deutschland*

Güldnes Leben, Kron der Zeiten,
Quellbrunn der Zufriedenheiten.
Freud der Erden, Friedenswonne,
schöne Unschuld treuer Herzen,
Grab der Sorgen, Arzt der Schmerzen!
Du bist meiner Tage Sonne,
ich will in den stillen Auen,
deine fromme Wollust bauen.
Wahre Glücke wohnt in dir.
Du kannst sichre Ruhe geben
und der Freiheit Freudenzier,
selig ist, der so kann leben!«

Susanne bekam von dem Gedicht nichts mit. Sie war froh, ganz außen Platz genommen zu haben, so kam sie als Letzte an die Reihe. Martina war die Nummer drei. Nachdem auch die zweite Studentin ihr Gedicht vorgetragen hatte, ebenfalls eine hübsche Barockdichtung, und der Beifall abgeklungen war, stand nun Martina auf und ging nach vorne. Ihr war die Anspannung deutlich anzusehen. Hitzeflecken hatten sich an ihrem Hals gebildet. Aber dennoch wirkte sie überzeugt von sich, wie Susanne unruhig feststellte, überzeugt und siegessicher. Sie wird doch nicht etwa auch …? Nein, das wäre doch unmöglich! Martina trat ans Pult, und wie zuvor Till Grabisch, machte auch sie zunächst eine kleine Kunstpause, bevor sie begann:

»*Johann Klaj, Frühlingswillkommen*

Es witschern und zitschern und zwitschern
die hupfenden Büsche

Es rauschet und lauschet und zauschet
ihr holdes Gezische

Es dirdirtir, dirdirtir, dirdirlir,
lieret die Lerche

Es klappern und bappern und blappern
schlankbeinige Störche

Es krecken und kerecken und quecken
grüngelbliche Frösche

Sie lechzen und ächzen und krächzen
mit hellem Gedrösche.«

Lachen und deutlich lauteren Beifall erntete Martina, die mit zufriedenem Lächeln auf ihren Platz zurückkehrte, nicht ohne noch einen schnellen, triumphierenden Seitenblick Richtung Susanne zu werfen. Nicht schlecht, dachte Susanne, aber nicht gut genug, mein Schätzchen! Bei der vierten Runde kam es zu einer kleinen Peinlichkeit, als die Kandidatin Nummer sechs laut aufschluchzend zur Tür hinausrannte. Wie sich später herausstellte, hatte sie dasselbe Gedicht gewählt! Auch die nächsten Studentinnen trugen durchweg hübsche, jedoch mehr oder weniger belanglose Gedichte vor. Endlich war Susanne an der Reihe. Sie hatte heute nicht das apricotfarbene Trägerkleidchen angezogen, sondern trug ein schlichtes weißes T-Shirt und dazu einen hellen, raffiniert geschnittenen Rock, den sie erst letzte Woche in Nürnberg gekauft hatte und der nicht zu viel von ihren schlanken Beinen verdeckte. Till Grabisch lächelte ihr aufmunternd zu, als sie an das Pult trat. Den Zettel mit dem Gedicht hielt sie in der Hand, sie brauchte ihn jedoch nicht, denn sie kannte das Gedicht längst auswendig:

»*August Graf von Platen, Tristan*

Wer die Schönheit angeschaut mit Augen,
ist dem Tode schon anheim gegeben,
wird für keinen Dienst auf Erden taugen

und doch wird er vor dem Tode beben,
wer die Schönheit angeschaut mit Augen!

Ewig währt für ihn der Schmerz der Liebe,
denn ein Tor nur kann auf Erden hoffen,
zu genügen einem solchen Triebe:
Wen der Pfeil des Schönen je getroffen,
ewig währt für ihn der Schmerz der Liebe!

Ach, er möchte wie ein Quell versiegen,
jedem Hauch der Luft ein Gift entsaugen
und den Tod aus jeder Blume riechen:
Wer die Schönheit angeschaut mit Augen,
ach, er möchte wie ein Quell versiegen!«

Kurze, atemlose Stille herrschte im Hörsaal. Dann brach ein Beifallssturm aus. Die Studenten klopften begeistert auf die Holzbänke, manche trampelten sogar mit den Füßen. Nur Martinas Gesicht versteinerte sich. Mit bangem Blick sah Susanne zu Till Grabisch hinüber. Er lächelte ebenfalls, dann klatschte auch er in die Hände. Susannes Herz klopfte wie wild. Hieß das, sie hatte gewonnen? Till Grabisch trat zu ihr hin. Flüsternd bat er sie um ihren Namen. Dann begann er, halb zu ihr gewandt, halb in das Mikrofon hinein, in den plötzlich verebbenden Beifall hineinzusprechen. »Liebe Susanne, dass, was wir da gerade aus Ihrem Munde hören durften, ist zweifellos das schönste der vielen großartigen Gedichte, die uns heute vorgetragen wurden! *Wer die Schönheit angeschaut mit Augen, ist dem Tode schon anheim gegeben* – meine Damen und Herren, das ist Poesie. Eros und Thanatos, wo finden wir die beiden schöner vereint?« Grabisch machte nun eine Pause, und die Verlegenheit war ihm sichtlich anzumerken. »Aber leider, ich wage es kaum auszusprechen, liebe Susanne, war es nicht so, dass Platen in Erlangen gelebt hat, als er dieses Gedicht schrieb?« – Ein Raunen ging durch das Auditorium. In Erlangen, hier in Erlangen! Nicht in Nürnberg! Susanne sah, wie die Versteinerung aus Martinas Gesicht verschwand und einem hoffnungsvollen Lächeln wich. Susanne aber lächelte gleichfalls, als sie nun darauf antwortete: »Ich bitte um Verzeihung, Herr Professor, dass ich Ihnen zu widersprechen wage. Sie haben natürlich Recht, Platen hat hier in Erlangen gelebt und studiert, und nicht in Nürnberg. Als er jedoch 1827 nach Venedig reiste, jene berühmte Venedigreise, die Thomas Mann aufgriff, indem er Platen in der Figur des Gustav Aschenbach ein literarisches Denkmal setzte, und zum Semesterbeginn verspätet in Erlangen eintraf, da wurde er zur Strafe in Kasernenhaft genommen.« Susanne sah lächelnd Till Grabischs erstauntes Gesicht und fuhr fort: »Nein, nicht durch seine Professoren! Durch die Armee, bei der er diente und die ihn nur zum Studium freigestellt hatte. Die Kaserne befand sich in Nürnberg, dort kam er in Haft und dort hat er den *Tristan* gedichtet. Nachzulesen bei Platens Biografen Peter Bumm.« Darauf zog sie drei Kopien hervor und überreichte sie Till Grabisch. Der Beifall, der jetzt losbrach, war noch größer als zuvor. Till Grabisch erholte sich rasch von seiner Verblüffung und überreichte Susanne mit feierlicher Geste eine der beiden Theaterkarten. Und dann flüsterte er ihr noch etwas ins Ohr, was sie zart erröten ließ, was jedoch leider in dem heftigen Applaus unterging.

Gefunden

Wie in jedem Jahr, so ist sie auch an diesem ersten Junisonntag wieder etwas früher aufgestanden. Durch die geblümten Vorhänge fallen gerade die ersten Strahlen der Morgensonne in ihre Schlafkammer herein. Der Tag verspricht schön zu werden, stellt sie freudig fest, als sie die Vorhänge beiseite zieht. Tiefblau und wolkenlos steht der Himmel über dem alten Nussbaum. Zügig macht sie sich nun an ihre Morgentoilette, kämmt sich sorgfältig das dünne Haar und bindet es dann nach hinten zu einem leuchtenden weißen Knoten. Im Spiegel überprüft sie seinen Sitz und ist zufrieden. Dann nimmt sie aus dem Badschrank ein kleines Döschen heraus, öffnet es und pudert sich leicht die Wangen. Wie in jedem Jahr, so zögert sie auch diesmal und eine leichte Röte tritt in ihr Gesicht, als sie den Lippenstift hervorzieht und sich damit zweimal kurz über die Lippen streicht. Dann geht sie hinüber in die Stube und holt aus dem alten Bauernschrank ihr Festtagsgewand hervor, das Schwarzseidene mit der dunkelblauen Spitzenschürze, das auch noch heute viele Frauen hier im Knoblauchsland tragen. Nachdem sie sich angekleidet hat, geht sie noch einmal hinüber in ihre Schlafkammer, öffnet das Nachtkästchen und holt das Buch heraus. Die Postkarte, die darinnen steckt, schaut etwas hervor. Damit ist sie eigentlich nicht zu übersehen, dennoch schlägt die alte Frau das Buch auf, um sich zu vergewissern. Dann schließt sie das Buch wieder vorsichtig, um es in ihre kleine Handtasche gleiten zu lassen. Jetzt ist sie bereit zu gehen. Rasch wirft sie sich noch das schwarze, gestrickte Wolltuch über die Schultern und tritt vor die Haustür. Dort wächst an einem Spalier eine herrliche Rose, deren rubinrote Blüten sich gerade zu öffnen beginnen. Die alte Frau geht zum Schuppen und holt eine kleine Gartenschere. Sorgfältig wählt sie aus und schneidet dann drei der schönsten Blüten ab. Diese wickelt sie in ein Stück Zeitungspapier und klemmt sie dann vorsichtig auf den Gepäckträger ihres alten Damenrades. Nun steigt sie auf, gibt sich mit dem Fuß ein wenig Schwung und fährt dann hinaus auf die Hauptstraße. Die junge Nachbarin gegenüber, die gerade dabei ist, ihren Säugling zu versorgen, sieht ihr gähnend nach. Wo die Alte wohl schon hinwill, jetzt, um diese Zeit? Ist denn schon Gottesdienst? Nein, bestimmt will sie zum Friedhof!

Aber sowohl an der Kirche als auch am Friedhof radelt die alte Frau vorbei. Großgründlach scheint um diese Zeit noch zu schlafen. Kein Mensch ist außer ihr unterwegs. Beim Metzger biegt sie links ab und fährt die Volkacher Straße entlang durch die Neubausiedlung Richtung Boxdorf. An der kleinen Brücke über die Gründlach sitzt ein einsamer Angler und grüßt sie mit einem Kopfnicken. Boxdorf lässt sie rechts liegen, stattdessen radelt sie den Fahrradweg am Zubringer zur B4 entlang. Die Luft ist frisch und gut und das Fahrradfahren fällt ihr immer noch leicht. Sie fährt noch dasselbe Fahrrad, mit dem sie damals vor sechzig Jahren als junges Mädchen schon gefahren ist.

Als er auch im dritten Jahr nach Kriegsende nicht zurückgekommen war, hatte es Tage gegeben, an denen sie die Hoffnung schon fast aufgegeben hatte. Dennoch, gab es nicht immer wieder Berichte in den Zeitungen, die von überraschend aus der Kriegsgefangenschaft entlassenen Soldaten berichteten? Tausende waren noch in Russlands Lagern gefangen, vielleicht war ja auch ihr Wolfgang darunter. Nur wenigen gelang es, aus der Gefangenschaft ein Lebenszeichen nach Hause zu schicken. Jeden Tag hatte sie auf eine Karte gehofft, hatte ungeduldig den Briefträger erwartet und war doch jedes Mal enttäuscht worden. Niemandem hatte sie von ihrem Liebsten erzählt, sie hatten es sich ja versprochen, es ganz für sich zu behalten. Erst, wenn alles so weit gewesen wäre, wenn sie heimlich geheiratet hätten, hätten sie es ihren Eltern sagen wollen. Sie war ja damals erst fünfzehn Jahre alt gewesen, damals im Frühling 1943, als sie sich kennen gelernt hatten. Und er war doch katholisch und sie evangelisch, da hätten die Eltern niemals zugestimmt! Sie hatten sich stets heimlich treffen müssen und mit großer Vorsicht, damals vor fast sechzig Jahren.

Der Fahrradweg führt nun an ausgedehnten Gemüsefeldern vorbei. Der Mai hat neben warmen Tagen auch viel Regen gebracht, sodass die Pflanzen kräftig gewachsen sind. Den Spargel haben sie schon fast abgeerntet, auf den nächsten Feldern grünen die verschiedensten Salate in langen Reihen hinunter bis zum Bach. Am Rande eines Roggenfeldes blüht der rote Mohn mit tiefblauen Kornblumen um die Wette. – Genau wie damals!, denkt sie und ihr Herz macht dabei einen freudigen Sprung.

Vielleicht war ja ein Brief an seine Eltern durchgekommen? Und vielleicht war ja auch eine Nachricht für sie mit dabei? Die Ungewissheit war das Schlimmste, lange hielt sie das nicht mehr aus. Sie musste sich endlich Klarheit verschaffen, musste herausfinden, ob er noch lebte. Nach langem Zögern nahm sie sich schließlich ein Herz und radelte hinaus nach Ziegelstein. Seine Heimatadresse kannte sie und nach einer kurzen Suche stand sie vor dem Haus seiner Eltern. Lange traute sie sich nicht zu läuten. Was sollte sie auch sagen? Als sie gerade den Klingelknopf drücken wollte, wurde die Haustür aufgerissen und eine Frau fragte sie barsch, was sie hier herumstehe. Darauf verließ sie aller Mut, sie murmelte etwas Unverständliches und radelte schnell davon.

Ein paar Spritzer bekommt sie von einem der Wassersprenger ab, die das feuchte Nass in kräftigen Strahlen weit über die Felder schleudern. Auf einer

171

Koppel sieht sie zwei Pferde grasen, dann ist sie schon in Neunhof. Sie radelt an dem hübschen Schlösschen vorbei und biegt dann in einen Wirtschaftsweg ein, der sie wieder durch weite Gemüsefelder führt. Vor sich sieht sie nun Kraftshof liegen mit der schönen alten Wehrkirche Sankt Georg, und links hinter den weiten Feldern ist auch schon das kleine Wäldchen zu sehen, ihr Zauberwäldchen, das Ziel ihrer Fahrt.

Als sie, Wochen, nachdem die letzten deutschen Kriegsgefangenen von Adenauer am Bahnhof Friedland empfangen worden waren, immer noch kein Lebenszeichen von Wolfgang bekommen hatte, war sie in eine tiefe Traurigkeit gefallen. Bis zum Schluss hatte sie gehofft und musste nun die bittere Erfahrung machen, dass die Hoffnung sie betrogen hatte. Ihre Träume hatten ihr oft das Wiedersehen so lebhaft vorgegaukelt, dass sie heimlich und uneingestanden immer daran geglaubt hatte, er käme eines Tages zu ihr zurück. Mit keinem anderen Jungen war sie ausgegangen, bei jedem Tanz war sie daheim geblieben. Und jetzt war das letzte Fünkchen Hoffnung erloschen und ihr blieb nur noch die Erinnerung, die Erinnerung an die Stunden in ihrem Zauberwäldchen. – Als sich nach düsteren Wochen der größte Schmerz wieder gelegt hatte, da war sie auf ihr Fahrrad gestiegen und war den langen Weg hinaus nach Nürnberg geradelt. Vor dem Antiquariat der Buchhandlung Edelmann hatte sie ihr Fahrrad abgestellt und hatte schüchtern das Geschäft betreten. Eine junge hübsche Dame, die Frau des Besitzers, war auf sie zugetreten und hatte sie freundlich nach ihren Wünschen gefragt. »Schiller«, hatte sie leise gesagt, »ich suche die Gedichte von Schiller!« Die junge Buchhändlerin war an ein Regal getreten und hatte bald gefunden, wonach sie suchte, ein kleines Reclambändchen mit Schillers Gedichten und Balladen. »Sind da wirklich alle Gedichte von Schiller drin?«, fragte sie die freundliche Frau, als diese ihr das Büchlein gab. »Ja!«, lachte die Frau, »alle, die wir von ihm kennen!« Darauf öffnete sie ihre Geldbörse und bezahlte das Buch. Hastig steckte sie es in ihre Tasche und erst, als sie wieder daheim in Großgründlach war und sich in ihrem Zimmer eingeschlossen hatte, zog sie es hervor. Sie kannte nur noch die ersten Zeilen des Gedichtes und auf der Suche nach diesen blätterte sie das ganze Büchlein durch. Seite für Seite verglich sie die Gedichtanfänge und als sie es durchgeblättert hatte, da war die Enttäuschung groß gewesen. Das Gedicht, ihr Gedicht, hatte sie nicht gefunden, es war nicht in diesem Buch enthalten! Oder hatte sie es nur übersehen? Wieder blätterte sie das Buch durch, gründlicher noch als das erste Mal. »Ich ging im Walde so für mich hin, und nichts zu suchen war mein Sinn ...«, flüsterte sie leise. Es blieb dabei, das Gedicht konnte sie nicht finden.

Alles war vergebens gewesen. Es stand nicht in dem Reclambändchen. Aber die freundliche Buchhändlerin hatte ihr doch gesagt, alle Gedichte Schillers seien darin enthalten. Nein. Sie stutzte. Wie hatte sich die Dame noch ausgedrückt? »Alle Gedichte Schillers, die wir kennen!« Genau, das hatte sie gesagt. Das konnte doch nur bedeuten, Wolfgang kannte eines der unbekannten Gedichte Schillers! Ein Gedicht, das in keinem gängigen Gedichtband enthalten war. Mit Büchern kannte sie sich nicht aus, es war ja das erste Buch überhaupt gewesen, das sie gekauft hatte. Sie hatte ja nur die Volksschule besucht, während Wolfgang nach dem Krieg studieren wollte. Aber so musste es sein. Wolfgang hatte auf irgendeinem unbekannten Weg das Schillergedicht entdeckt, es auswendig gelernt und es dann für sie aufgesagt. Und wie er es aufgesagt hatte! So fest und so bestimmt und zugleich so geheimnisvoll, als wäre es nur für sie allein gedichtet worden. Der Klang des Gedichtes war ihr noch genau im Ohr, aber leider hatte sie bis auf die ersten Zeilen den Text nicht in genauer Erinnerung behalten. Sie hatte gehofft, es in diesem Buche zu finden, aber nun war die Enttäuschung darüber einer großen Freude gewichen. Zwar hatte sie ihr Gedicht nicht gefunden, aber was war das schon gegen den Gedanken, dass es nur für sie und ihn alleine bestimmt zu sein schien! Kein anderer Mensch konnte es nachlesen, es war nicht überliefert worden. Bei diesen Überlegungen war ihr ganz warm und freudig ums Herz geworden.

Nun ist sie in den kleinen Feldweg gebogen, der sie direkt zu ihrem Wäldchen führt. Vor dem Sandsteintor am Eingang stellt sie ihr Fahrrad ab und nimmt die Blumen vom Gepäckträger. In das Sandsteintor ist oben eine Inschrift eingraviert. Ein langer, schattiger Weg, von beschnittenen Bäumen eng umstanden, führt sie schnurgerade in den Irrhain hinein. An manchen der Bäume hängen Porträts von Mitgliedern des Pegnesischen Blumenordens, die dieses Dichterwäldchen hier geschaffen haben. Ohne sich aufzuhalten, schreitet sie zügig voran. Trotz ihrer dreiundsiebzig Jahre klopft ihr Herz aufgeregt, wie das eines jungen Mädchens. Schließlich öffnet sich der Weg zu einer weiten, runden, ebenfalls baumumstandenen Wiese, an deren Rändern steinerne Denkmäler stehen. Sie verlangsamt ihren Schritt und tritt auf das stattlichste zu. Einen schönen, stolzen Jünglingskopf stellt es dar, dessen hohe Stirn von wehendem Lockenhaar umkränzt wird. Die alte Frau tritt näher heran und liest leise die Inschrift: »Schiller 1905«. – Sie wickelt die Rosen aus dem Zeitungspapier und legt sie am Sockel der Büste nieder. Dann tritt sie zwei Schritte zurück, öffnet ihre Handtasche und zieht das Buch hervor, das Buch und die Karte, die darinnen steckt.

Als die Postkarte sie erreichte, war sie gerade dabei gewesen, die Beete in ihrem Vorgarten zu jäten. Es war ein sonniger Tag im Frühling des Jahres 1966 gewesen, siebenunddreißig Jahre war sie damals gerade geworden. Der Postbote hatte ihr den Umschlag fröhlich über den Zaun gereicht. Sie hatte den Brief herumgedreht. Der Absender hatte sie gleich stutzig gemacht. Warum schrieb ihr das Internationale Rote Kreuz? Hastig hatte sie den Umschlag aufgerissen und war dann blass auf die Gartenbank gesunken. In dem Schreiben wurde ihr mitgeteilt, die beigefügte Feldpostkarte sei in dem Mantel eines jungen deutschen Soldaten gefunden worden, dessen Identität nicht mehr zu klären sei. Er wäre bei Stalingrad gefallen, seinen Leichnam habe man erst vor kurzem gefunden. Das Rote Kreuz erhoffe sich nun, ihn anhand der Feldpostkarte identifizieren zu können, und bat sie um ihre Mithilfe. Mit zittriger Hand hatte sie die Karte entziffert, die ihr Liebster mehr als zwanzig Jahre zuvor in Russland geschrieben hatte. – Liebste Katharina, stand dort geschrieben, und dann – ihr wurde ganz schwindelig dabei – folgte das Gedicht! Ihr Gedicht! Das Schillergedicht! Mit dem Zusatz: Halte aus! Für immer dein Wolfgang.

Die Tränen, die ihr damals aus den Augen gesprungen waren, waren auf diese Zeilen gefallen und hatten die blaue Tinte an manchen Stellen etwas verwischt und auch jetzt glänzen ihre Augen wieder, als sie auf die Karte blickt. Sie kennt sie längst auswendig, dennoch nimmt sie die Karte immer mit, wenn sie, wie in jedem Jahr am ersten Junisonntag, ihrem ersten Junisonntag, wieder hier hinaus in den Irrhain radelt. Sie blickt zu Schiller empor. Hier bei ihm hatten sie sich getroffen, heimlich getroffen. Wolfgang war auf Fronturlaub gewesen, als sie sich in Boxdorf auf dem Markt zufällig begegnet waren. Er hatte sie angesehen und gelacht und weil er so freundliche Augen hatte, hatte sie ihn gleich lieb gewonnen. Er hatte sie gefragt, ob sie nicht eine Stunde mit ihm spazieren gehen wollte, und als sie auf ihre Eier gezeigt hatte, die sie heute noch würde verkaufen müssen, da hatte er ihr kurzerhand den ganzen Korb mit Eiern auf einmal abgekauft. Den Korb hatte er dann zwei kleinen Kindern geschenkt und dann waren sie hinaus zum Irrhain geradelt. Drei Mal hatten sie sich danach noch hier getroffen und beim letzten Mal, am ersten Junisonntag 1943, als schon klar war, dass er wieder an die Front zurückmusste, da hatte er ihr das Gedicht vorgetragen, das sie nun in den Händen hält und mit leiser Stimme wieder von der Karte abliest:

»Ich ging im Walde
So für mich hin,
Und nichts zu suchen,
Das war mein Sinn.

Im Schatten sah ich
Ein Blümlein stehn,

Wie Sterne leuchtend,
Wie Äuglein schön.

Ich wollt es brechen,
Da sagt' es fein:
»Soll ich zum Welken
Gebrochen sein?«

Ich grub's mit allen
Den Würzlein aus,
Zum Garten trug ich's
Am hübschen Haus.

Und pflanzt es wieder
Am stillen Ort;
Nun zweigt es immer
Und blüht so fort.«

Biografische Hinweise zu den Dichtern

Goethe und sein Urfreund

Goethe (geb. am 28. August 1749 in Frankfurt, gest. am 22. März 1832 in Weimar) besuchte Nürnberg vier Mal. Der beschriebene Aufenthalt auf der Rückfahrt von seiner zweiten Reise in die Schweiz war dabei sein längster. Vier Tage logierte er im *Roten Hahn*, der im 19. Jahrhundert zu einem modernen Hotel umgebaut wurde. Im Zweiten Weltkrieg völlig zerstört, wurde der Gasthof nicht wiedererrichtet. Heute befindet sich an seiner Stelle der Kaufhof.

Bertolt Brecht besucht seine Paula

Bertolt Brecht (geb. am 10. Febr. 1898 in Augsburg, gest. am 14. August 1956 in Berlin) hatte zahlreiche Partnerinnen, davon oft mehrere zur gleichen Zeit. Keine jedoch sprach später schlecht über ihn, auch Paula Banholzer nicht, die ihre Erinnerungen an Bertolt Brecht in dem Buch *So viel wie eine Liebe* in anschaulicher Weise beschreibt.

Hermann Kesten, der Club und die Meisterschaft

Hermann Kesten (geb. am 28. Jan. 1900 in Podwoloczyska in der Ukraine, gest. am 3. Mai 1996 in Riehen bei Basel) wuchs in Nürnberg als Kind einer jüdischen Kaufmannsfamilie auf. Nach dem Studium in Erlangen und Frankfurt war er von 1927 bis 1933 Cheflektor des Kiepenheuer-Verlags in Berlin. 1933 emigrierte er in die Niederlande und betreute beim Verlag de Lange in Amsterdam die deutschsprachigen Autoren. Nach dem Kriegsausbruch wurde er zunächst in Frankreich interniert, bevor ihm 1940 die Ausreise in die USA gelang. New York und Rom waren nach dem Krieg seine bevorzugten Wohnorte, in den letzten Lebensjahren dann Basel. In den zwanziger Jahren ein bedeutender Vertreter der Neuen Sachlichkeit (*Ein ausschweifender Mensch. Das Leben eines Tölpels*), verfasste er in der Zeit des Exils vor allem romanhafte Biografien (*König Philipp der Zweite*). Nach dem Krieg schrieb er auch viel beachtete Essays, in denen er sich engagiert zu aktuellen Themen äußerte. Hermann Kesten erhielt zahlreiche Auszeichnungen, unter anderem den Preis der Stadt Nürnberg (1954), deren Ehrenbürger er 1980 wurde. Wer sich ein Bild von Hermann Kesten machen möchte, der besuche den Innenhof der Stadtbibliothek, wo ihm »Hermann Kesten als Spaziergänger« begegnet.

Hesse auf Lesereise

Hermann Hesse (geb. am 2. Juli 1877 in Calw, gest. am 9. August 1962 in Montagnola bei Lugano) beschäftigte sich in seinen Werken häufig mit der seelischen

181

Zerrissenheit als »Krankheit der Zeit« (*Der Steppen-wolf*). In *Narziss und Goldmund* geht es um die Konfrontation des ethischen mit dem ästhetischen Menschen, in seinem Alterswerk *Das Glasperlen-spiel* versucht er, östliche und westliche Weisheiten im Streben nach universaler Ganzheit zu vereinen. Hesse erhielt 1946 den Nobelpreis, 1955 den Frie-denspreis des deutschen Buchhandels.

Wolfgang Borchert vor Gericht

Wolfgang Borchert (geb. am 20. Mai 1921 in Ham-burg, gest. am 20. Nov. 1947 in Basel) schrieb auch Gedichte und Kurzgeschichten. Sein bekanntestes Werk aber ist das Drama *Draußen vor der Tür*.

Hugo Distler, Eduard Mörike und der Feuerreiter

Eduard Mörike (geb. am 8. Sept. 1804 in Ludwigs-burg, gest. am 4. Juni 1875 in Stuttgart) vollendete den *Maler Nolten* 1832. Die zitierten Zeilen »Wer die Musik sich erkieset ...« stammen von Eduard Mörike.

Erich Kästners ungeschriebener Roman

Erich Kästner (geb. am 23. Febr. 1899 in Dresden, gest. am 29. Juli 1974 in München) studierte Germa-nistik und lebte ab 1927 als freier Schriftsteller in Berlin. Kästner schrieb ironisch-sarkastische Gedichte und humorvoll-kritische Romane. Bekannt geblieben sind vor allem seine Kinderbücher. Kennzeichnend für Kästner ist, dass er die Sorgen der Kinder ernst nimmt, ihnen aber immer zutraut, selber Lösungen zu suchen und zu finden. Er ist ein Moralist im besten Sinne des Wortes.

Hans Carossa liest ein Buch von Thomas Mann vor einer Plastik von Ernst Barlach

Hans Carossa (geb. am 15. Dez. 1878, gest. am 12. Sept. 1956 in Rittsteig bei Passau), Arzt und Schriftsteller, war ein literarischer Einzelgänger, der sich in seinen häufig autobiografisch getönten Erzählungen und Romanen für christlich-humanistische Ideale einsetzt.

Thomas Mann beobachtet okkulte Phänomene

Thomas Mann (geb. am 6. Juni 1875 in Lübeck, gest. am 12. August 1955 in Zürich) hatte 1924, dem Jahr seiner Nürnberger Reise, gerade seinen *Zauberberg* vollendet. Bei der Straßenbahnfahrt von Fürth nach Nürnberg sprach ihn eine junge Frau an, Ida Herz, die den Dichter schon lange verehrte. Thomas Mann lud sie nach München ein, wo sie seine Bibliothek katalogisierte. Ida Herz sammelte und ordnete dann alle ihr zugänglichen Berichte über Thomas Mann. Die Jüdin emigrierte 1935 in die Schweiz, später nach London. Die Ida-Herz-Collection befindet sich nun im Thomas-Mann-Archiv in Zürich. (Näheres findet sich in dem schönen Buch von Friedhelm Kröll: *Die Archivarin des Zauberers.*)

Gisela Elsner

Gisela Elsner wurde am 2. März 1937 in Nürnberg geboren. Sie starb am 13. Mai 1992 in München.

Hans Sachs in Liebesnöten

Hans Sachs (geb. am 5. Nov. 1494 in Nürnberg, gest. daselbst am 19. Jan. 1576), »Schuhmacher und Poet zugleich«, Sohn eines Schneiders, wurde 1520 nach seiner Wanderzeit Meister. Durch die populäre Darstellung von Martin Luthers Thesen gewann er ersten Ruhm (*Die Wittenbergisch Nachtigall*). Er verfasste über viertausend Meisterlieder, außerdem zahlreiche Fastnachtsspiele und Komödien. Zunächst in der heutigen Brunnengasse wohnhaft, zog er dann in die Spitalgasse. Geheiratet hat er schließlich doch, wobei er über das Für und Wider der Ehe noch so manches Gedicht geschrieben hat. Das bekannteste, *Das bittersüße eheliche Leben*, hat der Künstler Jürgen Weber sich zum Vorbild genommen und daraus die Brunnenanlage »Das Ehekarussell« auf dem Ludwigsplatz geschaffen. An seiner Kopfseite tanzt Hans Sachs vergnügt auf einer Säule. Sein Grab befindet sich auf dem Johannisfriedhof und trägt die Nummer 503.

Wer schrieb Nürnbergs schönstes Gedicht?

August Graf von Platen (geb. am 24. Okt. 1796 in Ansbach, gest. am 5. Dez. 1835 in Syrakus) stammte aus einer verarmten Adelsfamilie. Er studierte von 1819 bis 1824 in Erlangen, spürte jedoch bald, dass sein eigentlicher Lebensinhalt die Dichtkunst war. Aufgrund seiner unerfüllten homoerotischen Sehnsüchte wurde er ein unglücklicher Mensch, der seine Schwermut und seine inneren Konflikte in die anspruchsvollen Formen des Sonetts, der Ode oder des Gasels zu kleiden wusste. Platen lebte zuletzt in Italien. Sein bekanntestes Gedicht *Das Grab im Busento* entstand 1820 in Erlangen.

Gefunden

Der hundertste Todestag von Friedrich Schiller (geb. am 10. Nov. 1759 in Marbach am Neckar, gest. am 9. Mai 1805 in Weimar) wurde 1905 mit zahlreichen Gedenkveranstaltungen in Nürnberg begangen. Im Stadtpark wurde der Grundstein für das große Schillerdenkmal gelegt, das vier Jahre später zu Schillers 150. Geburtstag feierlich eingeweiht wurde. Auch im Irrhain in Kraftshof fand eine Gedenkfeier statt und eine Büste des Dichters wurde dort aufgestellt. Das Gedicht *Gefunden* stammt natürlich von seinem Freund Johann Wolfgang von Goethe.

Johannes Wilkes wurde 1961 in Dortmund geboren. Er lebt als Arzt für Kinder- und Jugendpsychiatrie in Erlangen. Zahlreiche Publikationen zu literarisch-tiefenpsychologischen Themen.

Weitere Buchveröffentlichungen: *Kant kam nicht – Geschichten über Dichter und Denker in Erlangen* (2001), *Der Streichholzjunge – Helden und Opfer in Erlangen* (2002).

Literatur
bei ars vivendi

Ewald Arenz
Der Teezauberer
Erzählung, Hardcover, 152 Seiten
ISBN 3-89716-363-2

Eine romantische Erzählung über den Tee, die Liebe, das Lesen und die Suche nach dem Glück.
»*Fein, philosophisch und vergnüglich – unbedingt lesenswert!*«
lesen & leute

Angela Baumann
Steinsterben
Roman, Hardcover, 192 Seiten
ISBN 3-89716-217-2

Liebe und Schuld, Missverständnisse und Intrigen: Das Schloss des Dorfes Stein wird bevölkert von Menschen und Mumien, von Porträts und Geschichten. Anna, die Erzählerin, berichtet von den Abenteuern ihrer Ahnen und ihrer Kindheit. Mit Phantasie und Esprit entwirft Angela Baumann die ebenso spannende wie geheimnisvolle Chronik des Adelsgeschlechtes von Stein.

Literatur
bei ars vivendi

Elmar Tannert
Keine Nacht, kein Ort
Erzählungen, Hardcover, 160 Seiten
ISBN 3-89716-307-1

Sieben Erzählungen über den doppelten Boden unserer nur scheinbar erklärten Welt: Elmar Tannert sucht nach dem Wirklichen unter der glatten Oberfläche und nähert sich stilsicher dem Geheimnis der Sehnsucht.

Elmar Tannert
Der Stadtvermesser
Roman, Hardcover, 200 Seiten
ISBN 3-89716-037-4

Ein Panoptikum aus menschlichen Trieben, aus Geschichte und Gegenwart, aus Mickymaus und Goebbels, dem sich der Stadtvermesser mit unkonventionellen Vermessungsmethoden nähert.
Für seinen Romanerstling erhielt der Autor den *Bayerischen Kulturförderpreis*, den *Kulturförderpreis der Stadt Nürnberg* und den *Mittelfränkischen Kulturförderpreis*.

Biografien
bei ars vivendi

Friedhelm Kröll
Die Archivarin des Zauberers
Ida Herz und Thomas Mann
Biographie, Klappenbroschur, 240 Seiten
ISBN 3-89716-229-6

Die erste Monographie über die Freundschaft zwischen der Nürnberger Buchhändlerin und Th. Mann.
»Kröll hat seine Studie akribisch recherchiert, und er ergänzt, ja widerlegt zum Teil die in der Mann-Forschung recht eindimensionale Wahrnehmung von Ida Herz.«
Süddeutsche Zeitung

Christine Herold
Mutter des Ensembles
Helene Weigel – ein Leben mit Bertolt Brecht
Biographie, Klappenbroschur, 260 Seiten
ISBN 3-89716-230-X

Untrennbar ist Helene Weigels Name mit dem Bertolt Brechts verbunden: Sie war seine Frau, seine Schauspielerin, die Mutter zweier seiner Kinder und die Managerin seines Alltags.

Literatur erleben
bei ars vivendi

Steffen Radlmaier (Hg.)
Nürnberger Ansichten
Anthologie, Klappenbroschur, 208 Seiten
ISBN 3-89716-096-X

Die ausgewählten Texte prominenter Literaten (von
Max Frisch bis Gabriele Wohmann, von John Dos
Passos bis Ilja Ehrenburg) kontrastieren mit den ge-
wagten Perspektiven des Fototgrafen Horst Schäfer.
Ein literarisch-fotografischer Stadtführer, ein reiz-
volles Lese- und Bilderbuch – so hat man Nürnberg
bisher noch nicht gesehen.

Klaus Gasseleder
LiteraTourLand Franken
Freizeitführer, Broschur, 160 Seiten
ISBN 3-89716-109-5

Die reizvollen Ausflüge auf den Spuren von Dichtern
machen nicht nur literarisch Interessierten Spaß. Ab-
wechslungsreiche Stadtspaziergänge, Fahrten und
Wanderungen werden illustriert durch repräsentative
Zitate von Autoren unterschiedlicher Epochen und
Herkunft.